教育部人文社会科学研究规划基金项目（17YJA630084）

经济管理学术文库·管理类

家庭期望、创业决策与新创企业成长：
影响机制及实证研究

Family Aspiration, Entrepreneurial Decision and
New Enterprise Growth:
Influence Mechanism and Empirical Research

沙彦飞／著

图书在版编目（CIP）数据

家庭期望、创业决策与新创企业成长：影响机制及实证研究/沙彦飞著 . —北京：经济管理出版社，2019.9

ISBN 978 – 7 – 5096 – 6515 – 2

Ⅰ.①家… Ⅱ.①沙… Ⅲ.①创业—决策—研究—中国 Ⅳ.①F249.214

中国版本图书馆 CIP 数据核字（2019）第 063726 号

组稿编辑：杨国强
责任编辑：杨国强
责任印制：高　娅
责任校对：董杉珊

出版发行：经济管理出版社
（北京市海淀区北蜂窝 8 号中雅大厦 A 座 11 层　100038）
网　　址：www.E – mp.com.cn
电　　话：（010）51915602
印　　刷：三河市延风印装有限公司
经　　销：新华书店
开　　本：720mm×1000mm/16
印　　张：12.25
字　　数：201 千字
版　　次：2019 年 11 月第 1 版　2019 年 11 月第 1 次印刷
书　　号：ISBN 978 – 7 – 5096 – 6515 – 2
定　　价：68.00 元

·版权所有　翻印必究·
凡购本社图书，如有印装错误，由本社读者服务部负责调换。
联系地址：北京阜外月坛北小街 2 号
电话：（010）68022974　邮编：100836

前　言

在管理决策体系中，决策情境制约决策流程、决策方式与决策质量。与财务决策、营销决策等相比，创业者创业决策则面临更大的环境不确定性。不确定的决策情境既体现在宏观一般环境、中观行业环境、创业机会与创业项目本身方面，也体现在创业者的认知环境与认知过程中。在行为决策学看来，在影响决策的众多因素中，何种因素成为决策参照点，将决定其最终的决策结果。受制于有限理性，创业者决策既不可能确定有哪些因素，各种因素以何种方式对创业决策产生影响；也不可能准确把握围绕决策影响因素的各种决策方案与决策权重。在中国特色家庭文化制度下，家庭因素以多种形式对创业者产生影响，既包括深层次的家庭文化、家风，也包括显层次的家庭期望。家庭期望（Family Aspiration）是以家长为核心的家庭对其成员的经济与非经济利益的希望及要求。选取"家庭期望"作为分析单元，基于两点考虑：一方面，家庭期望是凸显家庭企业（Family Firm）与其他企业异质性的根源所在，家庭性与家族性对家庭企业的影响应该是题中应有之义，家庭成员的期望与能力首先作用于家庭企业的创业计划构思，可以说，家庭企业真正地诞生于家庭，家长与其家庭成员的期望是凸显家庭制企业与其他企业异质性的根源所在；另一方面，家庭成员的共同期望以及期望差异，能为分析家庭成员的行为差异提供逻辑基础。在家庭制度与家文化的约束下，家庭成员血缘相亲、地缘相近，长期的生活学习，多种形式的信息沟通与交流，形成了较为一致的价值判断与情感追求，能够在家庭制度与家长权威机制下以极低的成本生成家庭成员所认可的共同期望。当然，在社会亚文化下，不同区域、不同信仰、不同时代的家庭期望是存在差异的。

家庭期望自始至终地以多种形式影响创业者一生，即便在创业者拥有多种决策自主权的创业期。家庭期望是潜移默化的，也可能是明示的，其对创业者的影响更多的是通过言传身教、家庭文化、成员沟通等非固定程序与方式展开的，并为创业者所感知。创业者所感知的家庭期望，包括经济期望与非经济期望，眼前期望与延伸期望等，创业者创业决策会采取间接启发式，来自家庭的建议、希望与要求会成为决策的参照点，进而决定其作出何种创业选择。按照西蒙的满意决策理论，决策者的期望水平与期望差距是行为的决策标准，当家庭期望得以满足时，创业者更可能扩大投入谋求企业更大发展，这里并不与创业者的人格特质存在必然联系，而可能存在一个重要的传导机制——创业决策，这与家庭社会财富以及家庭企业长期目标导向紧密相关。而且，家庭期望涉入并影响家庭企业的战略决策过程，家庭期望也是创业企业成长的最重要的动力因素。为促进创业者与新创企业成长，除了必要的政策支持、调适合适的家庭期望、营造良好的亲子氛围、提升创业者能力与新创企业能力之外，加强创新创业教育也十分重要，毕竟创业者大都年轻且需要接受创新创业教育。与小初高教育阶段的"家校合作模式"不同，大学教育阶段的"家校分离模式"对于复杂性高、重要性大的创业决策而言无疑是轻率的、有缺陷的。家庭期望应嵌于创新创业教育中，而基于家庭期望的创新创业教育更能促进大众创业。

目　录

第1章　绪　论 …………………………………………………………… 1

　1.1　研究问题的提出 …………………………………………………… 1

　1.2　研究的理论价值与实践意义 ……………………………………… 4

　1.3　研究思路、研究方法与技术路线、研究内容、
　　　 研究重点与难点 …………………………………………………… 7

　1.4　主要观点与创新点 ………………………………………………… 11

第2章　理论基础与文献综述 …………………………………………… 13

　2.1　理论基础 …………………………………………………………… 13

　2.2　文献综述 …………………………………………………………… 33

第3章　理论分析 ………………………………………………………… 49

　3.1　家庭期望的影响因素 ……………………………………………… 49

　3.2　家庭期望的维度 …………………………………………………… 64

　3.3　家庭期望与创业决策 ……………………………………………… 72

　3.4　家庭期望与生产性创业决策、非生产性创业决策 ……………… 77

3.5　家庭期望与新创企业成长 ································· 81

第 4 章　实证分析 ··· 87
　　4.1　研究假设 ··· 87
　　4.2　样本选取与研究设计 ··································· 95
　　4.3　检验结果 ··· 103
　　4.4　研究结论与讨论 ······································· 111

第 5 章　案例分析 ··· 118
　　5.1　刘畅家庭期望与新希望企业成长 ························· 118
　　5.2　李文达家庭期望与李锦记企业成长 ······················· 132
　　5.3　克里斯托弗家庭期望与博世企业成长 ····················· 141

第 6 章　政策建议 ··· 149
　　6.1　调适合适的家庭期望 ··································· 149
　　6.2　营造和谐的家庭亲子关系 ······························· 153
　　6.3　协调家庭教育与社会、学校创新创业教育 ················· 157
　　6.4　基于效果逻辑提升创业者创业能力 ······················· 161

附录　调查问卷 ··· 166

参考文献 ··· 170

致　谢 ··· 189

第 1 章 绪 论

1.1 研究问题的提出

在国家实施创新驱动战略与"大众创业、万众创新"战略过程中,新创企业数量呈现不断增长趋势,但离国家与社会的期望依然有一定的差距;而新创企业在成长过程中也面临着动力不足、创新水平与层次不高等世界性问题。是不忘初心、坚持加大投入,促进新创企业成长,还是见好就收、知难而退,维持企业发展现状,这个问题常常困扰创业者。2018 年 1 月 28 日,清华大学中国创业研究中心的《全球创业观察 2016/2017 中国报告》发布,报告显示,中国创业活动的质量在提高。2016 年中国商务环境创业环境条件得分为 2.58,与发达经济体和 G20 经济体,如加拿大(3.39)、德国(3.35)和美国(3.30)等相比,仍存在较大差距。中国创业活动最活跃的年龄段是 18~34 岁的青年阶段,占总体创业者比例的 44.39%。企业不盈利是中国创业者中止创业的主要原因,中国因为企业不盈利中止创业的比例为 38.91%。总体看,我国的创业活动处于从生存型转向机会型的过渡阶段。由于在早期发展阶段，新创企业不可避免地面临诸如难以获取投资者信任、资源要素约束高、缺乏行业经验、客户关系不稳定等"新颖性缺陷"以及随之而来的高风险和高失败率，因此突破生存困境、实现快速成长是创业实践者和研究者急需共同解决的现实难题。

创业研究中的大量文献集中于探讨创业者自身因素与创业决策，比如人口统计学特征与创业意愿、创业行为，心理特征和心理特质与风险感知、风险行为创业的形成，以及围绕创业资源整合、团队建设等创业管理，而研究新创企业的创业决策是怎么产生的、新创企业是该发展还是维持与撤退的文献明显不足。创业过程流派认为，创业是一个基业长青的过程，理应包括萌发创意、新创企业成立、新创企业运营与成长等阶段。新创企业成长是指创业者不忘初心、继续加大投入谋求企业健康成长。尽管谋求企业健康成长是创业过程中的必然要求与中心内容，但对于探讨以什么动力因素驱动、以什么方式投入的研究文献较少。对于新创企业成长的驱动力源自外生还是内生一直是理论研究的焦点，企业自身遗传基因与成长环境的复杂性及多样性使得理论研究难以达成共识。随着信息技术与知识经济时代的到来，知识与技术促使企业从需求拉动、投资驱动步入创新驱动阶段，创新逐渐成为企业成长的核心动力，创新驱动理论在企业成长研究中的地位凸显（张玉利、谢巍，2018；张玉利、薛红志、陈寒松，2016；眭文娟、张慧玉，2014）。与此同时，鉴于创业活动的复杂性与风险性，对创新主体的研究也开始由"完全理性"决策人假设向真实的"有限理性"决策人假设、从创业者个体向创业者家庭转变。对于新创企业来说，家庭投入了专有的物资与人力资本，《全球创业观察2015/2016中国报告》显示，中国创业者资金来源于自有资金（比例为91.3%），主要渠道是家庭、银行和朋友，家庭投入是企业资金的主要来源，家庭资金比例远高于多数创新驱动型经济体。

因而对于家庭决策而言，家庭目标与期望是创业者的重要的决策标准，家庭自然成为研究的对象与分析维度。家庭既是社会的最基本经济细胞，也是社会细胞，相比于经济收入与利润等经济绩效，家庭创业者更有可能关心的是非经济利益效用。家庭企业是家庭和企业的结合体，作为家庭的核心资产与希望所托，除了经济利益还有非经济利益的需求，如社会情感财富、以家庭血缘为纽带的家风、"家业长青"等方面的需求。企业行为理论与行为决策理论虽然考察离开"期望水平"对行为决策的影响，但其决策标准大多为经济利益指标，而忽视或轻视非经济利益决策标准或决策参照点的作用。近几年来，家庭企业研究的重点之一就在于探讨家庭企业的经济目标与非经济目标，尤其是非经济目标对决策影响的重要性。参照点理论为解释创业者行为决策提供了理论基础（马奇，2007；西蒙，1989；Powell、Lovallo 和 Fox，2011；盛宇华、王平，2006）。Gimeno 等（1997）认为，创业者根据自己企业业绩、非经济收益和转换成本是否高于或者低于限值来决定自身是否要追求企业成长基于家庭期望视角，同时考察家庭经济利益和非经济利益参照点的设定为创业决策和新创企业成长的研究提供了新的视角。

造成双低的比率有哪些原因？主要因素是什么？这是个既具有理论价值也具有实践意义的问题。进一步地，由此引发的问题主要有：驱动与阻碍创业者创业决策的因素有哪些？什么样的家庭期望会影响不同的创业决策？什么样的家庭期望是动力因素？什么样的家庭期望又是阻力因素？家庭期望是否会因环境的变迁而发生变化，其对创业决策的影响机理是什么？

对于这些问题的思考归结到一点是：家庭期望对创业者创业决策作用机理、作用方式是什么？我们试图从家庭期望视角，系统梳理家庭期望与创业决策之间的关系，探寻家庭期望影响决策的机理，为创业者创业决策、高等学校的创新创业教育提供有益的政策建议。

家庭期望、创业决策与新创企业成长：影响机制及实证研究

1.2 研究的理论价值与实践意义

1.2.1 理论价值

1.2.1.1 以家庭期望为研究单元，探讨创业决策的过程，丰富了家族企业理论

家庭（家族）在传统的创业环境研究中被极大地忽视了（在中国情境下，家族是放大的家庭，家族企业可理解为成长后的家庭企业。市场经济发展初期的大多数家族企业的原型一般是从封建时代的家庭作坊演变过来的。绝大多数企业保持着"子承父业"、代代相传的特征，生产经营活动始终由家庭成员完成）。家庭作为最基本的社会结构存在，支撑着中国几千年的文明历史，有着深厚沉重的积淀和内涵。家庭与家族、家规与国法、家族伦理、三纲五常、忠与孝等，这些问题始终是社会学家们或多或少要触及的研究领域，甚至是有些道德学者、哲学家、历史学家和社会学家们的毕生用力之所在。对家庭企业的研究，在中国刚刚起步，选取"家庭期望"作为分析单元，基于两点考虑：①家庭期望是凸显家庭企业（Family Firm）与其他企业异质性的根源所在（吕斐斐、邓艳斌、贺小刚，2017；贺小刚、连燕玲、吕斐斐，2016；Chrisman、Chua、Pearson 和 Barnett，2012）；家庭性与家族性对家庭企业的影响应该是题中应有之义，家庭成员的期望与能力首先作用于家庭企业的创业计划构思。可以说，家庭企业真正地诞生于家庭，家长与其家庭成员的期望是凸显家庭企业与其他企业异质性的根源所

在。②家庭成员的共同期望以及期望差异，能为分析家庭成员的行为差异性提供逻辑基础。在家庭制度约束下，在家文化影响下，家庭成员血缘相亲、地缘相近，长期的生活学习，多种形式的信息沟通与交流，形成了较为一致的价值判断与情感追求，能够在家庭制度与家长权威机制下以极低的成本生成家庭成员所认可的共同期望。当然，在社会亚文化下，不同区域、不同信仰、不同时代的家庭期望是存在差异的。

过往的家庭企业理论过多地强调企业管理过程，而对企业创业之前以及创业决策的"一分钟"关注明显不够。"一分钟"决策之前的若干影响因素中，家庭期望因素并没有得到重视，理论研究更多地关注宏观环境、决策者自身的条件因素，而对家庭因素关注不足。对家庭企业的成长研究不能忽视家庭因素，因为对于人而言，家庭是最重要的组织。家庭期望是潜移默化，也可能是明示的，其对创业者的影响更多的是通过言传身教、家庭文化、成员沟通等非固定程序与方式展开的，因而未为创业者自身所意识到，但从事后的访谈与决策实践看，绝大多数决策者都会谈到来自家庭期望的影响。事后看，创业决策是受家庭期望影响的，我们需要做的是揭开家庭期望影响决策的潜在路径。这对未来的企业成长依然是有重要借鉴意义的。因而，在家庭企业研究视域，切入家庭期望，是有一定理论价值的。

1.2.1.2　以家庭期望为决策参考点，探讨创业决策的标准，丰富了创业理论

弥补过往研究只强调创业者自身心理特质与人格特征的不足，并考虑到生产性与非生产性这两种创业决策，本书对现实创业现象进行解释，这将丰富创业理论。

在不同学科，期望都是决策的重要标准，只是它们的内涵存在区别。在经济学中，期望与需要、效用等概念相似，决策者追求最大化效用、最大满足；在管理学中，期望是一种激励方式，激励的期望值为价值与可能概率的乘积；在心理

学、行为决策学看来,期望是一种参照点,决策者并不能最大化自己的行为,取而代之的是简洁认知决策法,选择某一参照点进行满意决策,这一参照点就是自己的某种期望水平。某种期望水平是对决策对象的某种欲求。将期望引入创业管理中,是一大理论突破。现有的创业管理在研究决策时,大都是从机会角度、生存角度,实质依然是功利论视角,从收益与成本视角研究决策。少部分的研究基于期望理论探讨了创业决策标准问题。

诺贝尔经济学奖获得者西蒙教授认为,管理就是决策,管理行为本质是决策行为。西蒙的决策理论将心理学的研究成果应用到管理学中,开创了行为决策学。人的行为是单一的、既成的,但行为之前的心理活动是丰富的,各种内外部因素,包括政治、经济、社会,都会通过心理活动而影响决策。虽然大脑的思考过程依然是科学谜团,但行为科学的研究显示,人具有简化的认知机制,不需要也不可能对各种影响因素进行科学计算,进而产生最大化行为。人的认知模式更多的是选择参照点,将现状与期望、与参照点进行比较,如果高于参照点,则产生满意心理,进而进行决策,这样的决策效果已经得到验证。人工智能基于策略,基于满意策略,积小胜而大胜,演绎了简洁决策过程的魅力,如阿法狗战胜李世石、MASTER战胜各路围棋高手。毫无疑问,将期望理论引入创业决策研究之中,将丰富创业管理理论。

1.2.2 实践意义

1.2.2.1 为创业者创业教育与创业实践提供指导

随着"大众创业、万众创新"作为国家战略的深入推进,大力实施创新创业教育正在成为高校、各级政府的重要使命,家庭期望应嵌于创业教育中。尽管理论界越来越重视创新创业教育,但在创新创业理论逻辑基础、创新创业理论体系、创新创业实践体系等方面依然存在很多问题。由于家庭对创业者的影响是长久的，社会与高校创业教育体系中应包含家庭这一环节，尤其要充分考虑中国特色的家庭文化情境对创业者创业决策的影响。家庭教育与社会、高等教育的衔接与互动，应该与小初高保持一定的连贯性，而不仅仅是在毕业之际与家长保持短暂的联系。作为决策的参照点，家庭期望将在很大程度上决定创业者是否创业以及创什么业。家庭期望应嵌于创业教育中，基于家庭期望的创业教育更能促进创业者创业。

1.2.2.2 为新创家庭企业成长提供动力

关注家庭期望与组织能力的形成及转化问题，系统地研究基于家庭期望的组织能力的培育机制，这将为新创家庭企业的成长提供动力机制。据统计，我国新创企业的失败率在70%左右，而其中缺乏强大的动力以及决策失误应是最主要的原因。与既有企业不同，新企业的决策和行动并非取决于组织结构、行为惯例等系统性因素，新企业初期的生存或者失败在很大程度上取决于创业者的特征和行为。面对不确定的竞争环境，自身实力与决策判断均不令人满意。创业者承担着大量的工作，面对各种业务与压力，也只能从家庭中获取更多的支持。

1.3 研究思路、研究方法与技术路线、研究内容、研究重点与难点

1.3.1 研究思路

本书针对创业率低、创业成功率低等问题，以家庭期望为切入点，在对创业

者家庭与创业者创业现状调查研究基础上，分析作为创业者创业决策参照点的家庭期望的内容特征与运行机制，研究家庭期望对创业者创业决策过程的影响机理，提出基于家庭期望的创新创业教育方式方法。

1.3.2　研究方法与技术路线

本书采取实证分析和规范分析、综合分析与多案例对比分析、数理实证等研究方法，整个研究涉及企业行为理论、前景理论、创业理论等，是一个基于多学科知识的项目。具体研究方案与技术路线如图1.1、表1.1所示。

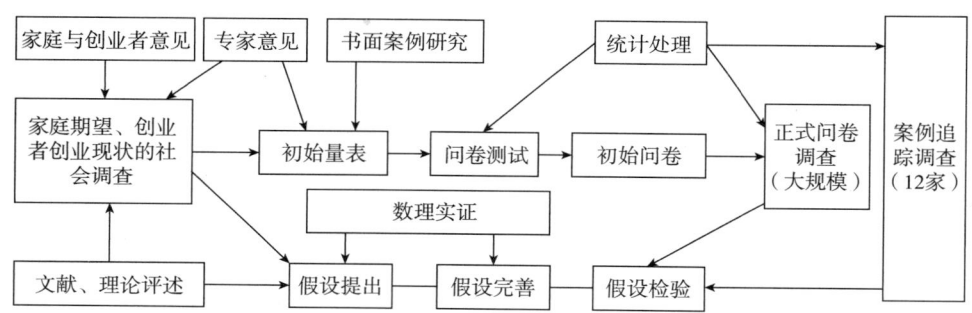

图1.1　研究方案与技术路线

表1.1　主要研究内容与研究方法

主要内容 \ 方法	文献、书面案例、专家法等	定量研究		动态追踪调查（多案例对比）	数理实证	企业史档案分析
		一手数据	二手数据			
家庭期望的内涵与测量	√	√				
家庭期望与创业者创业决策	√	√	√	√	√	√
生产性与非生产性创业决策	√	√	√	√		
家庭期望与创业教育的耦合方式	√	√		√		

本书同时结合一手和二手两种数据来源进行实证研究。基于广泛的问卷调查基础所进行的定量研究是本项目的重要内容，该方法的数据处理技术如表1.2所示。

表1.2 定量研究中的数据处理方法表

研究目的		分析技术	拟采用的统计工具
家庭期望的测量		因子分析、信度分析	NUD–IST，SPSS
创业者创业决策	生产性创业	依据研究的问题与目标选取，以分类变量为主	NUD–IST，SPSS
	非生产性创业	依据研究的问题与目标选取，以分类变量为主	NUD–IST，SPSS
调节变量的选取		依据研究的问题与目标选取，分类变量	SPSS
问卷有效性检验、样本特征检验		描述性统计	SPSS
		独立样本T检验	SPSS，Stata
		2–独立样本 Kolmogorov–Smirnov 检验	SPSS，Stata
因变量与自变量特征检验		T检验、相关性分析、ANOVA、MANOVA	SPSS，Stata
创业者创业决策的形成		OLS、Logit 处理	SPSS，Stata
家庭期望—创业者创业决策		路径分析	Lisrel

1.3.3 研究内容

1.3.3.1 探讨家庭期望的内容特征与形成机制

第一，基于经营目标或目的将家庭期望分为经济利益期望与非经济利益期望，其中，经济利益期望主要有经济收入和生活富裕期望，非经济利益期望主要有社会地位、愉悦情感、权力和追求卓越期望。

第二，确定影响家庭期望的情境因素，建立家庭期望的动态调整机制。这些因素包括时空情境、社会文化、家庭亲子关系、家庭成员的个体特征、组织因素等。

第三，探讨家庭期望的计算方法，计算家庭期望差距。

1.3.3.2 探讨家庭期望与创业者"是否创业"之间的关系，与"生产性创业和非生产性创业决策"之间的关系

探讨家庭期望的参照点的设置与变化对创业者创业决策的影响，将创业者择业选择分为创业决策与非创业决策。创业决策分为：合法合乎伦理的生产性创业，这主要是指熊彼特式的创业决策；败德主导的非生产性创业决策。探讨它们是否以及在何种程度上受到家庭期望的绝对和相对水平的影响。

1.3.3.3 探讨创业者创业决策在家庭期望与新创家庭企业成长之间的中介作用机制

尤其是创新主导的生产性创业与败德主导的非生产性创业决策，在家庭期望与新创家庭企业成长之间的作用方式、方法与路径。

1.3.3.4 政策建议

建议国家有必要引导家庭形成合适的家庭期望，社会与高校探讨家庭期望与创业教育耦合的有效方式，改进创新创业教育的方式方法。

1.3.4 研究重点与难点

（1）创业者如何选择参照点？参照点是如何变化的？尤其是家庭期望差距对创业者创业决策是如何影响的？

（2）新创家庭企业为何可能采取败德导向的非生产性创业？与生产性创业相比，非生产性创业更为隐蔽，本书通过人物访谈等方法探寻家庭期望对非生产性创业决策的影响。

积极的生产性创业决策如何促进企业成长？什么区域、什么亚文化情境下的

家族期望更具有生产力？更进一步需要解决的问题是：中国家庭企业成长的动力到底是什么？

1.4 主要观点与创新点

1.4.1 主要观点

1.4.1.1 家庭期望是影响创业者创业决策与新创家庭企业成长的重要因素，尤其是在中国特色家庭文化制度与情境下

家庭涉入影响家庭企业的战略决策过程，家庭因素是创业者创业决策与企业成长的最重要的动力因素。创业者决策时会采取间接启发式，而来自家庭的建议、希望与要求会成为决策的参照点。家庭期望是创业者创业决策的参照点，尤其是在中国特色家庭文化制度与情境下。

1.4.1.2 非经济利益期望与生产性创业密切相关

由于创业者更加关心社会情感财富等家庭期望的实现，在社会文化、政策支持等环境下，家庭更倾向于抓住创业机会，进行生产性创业。

1.4.1.3 家庭期望与创业教育的有效耦合方式对于创业者创业决策与新创家庭企业成长有积极意义

与小初高教育阶段的"家校合作模式"不同，社会教育与大学教育阶段的

"家校分离模式"对于复杂性高、重要性大的创业决策而言无疑是轻率的、有缺陷的。家庭期望应嵌于创业教育中,基于家庭期望的创业教育更能促进创业者创业。

1.4.2 创新之处

在中国家庭文化与制度下,在国家创新战略下,家庭期望如何作用于创业者创业决策,已经成为企业实践必须解决的难题,也成为独特的理论研究问题。

(1)本书完善目前的家庭企业研究体系,具有显著的学术价值。本项目基于家庭期望这一新的分析单元,为构建新的家庭企业研究体系奠定基础。

(2)重点分析家庭期望内涵与测量体系,剖析家庭期望参照点的形成与变化规律,建立家庭期望的动态调整机制,这可丰富企业行为理论。

(3)探讨家庭期望与创业教育的耦合方式,分析其对创业者创业决策的影响,将丰富创业教育理论。家庭期望应嵌于创业教育中,家庭期望与创业教育的有效耦合将在更大程度上决定创业者是否创业以及创什么业。这无疑能够丰富创业教育理论。

第 2 章　理论基础与文献综述

2.1　理论基础

2.1.1　效果推理理论

如果说泰罗的科学管理理论标志着管理学的诞生，那么，西蒙的决策理论则显著推进了管理学研究科学化的进程。西蒙的学生萨阿斯（Sarasvathy）邀请了 27 个研究对象，他们是美国 1960～1985 年最成功的创业者及年度国家创业奖的获得者，萨阿斯分别对他们进行为期 2 小时的实验和访谈（Sarasvathy，2001，2004）。结果发现，企业家并不按照教科书般的方式进行创业，他们一般不会进行市场调查，也没有明确的企业目标，他们总是立足现实，利用现有资源，抓住身边的每一个机会。效果推理逻辑（Effectuation）是指创业者在不确定情形下识别多种可能的潜在市场，不在意预测信息，投资他们可承担损失范围内的资源，在与外部资源持有者互动过程中建立利益共同体，并整合更多稀缺资源，充分利用突发事件来创造可能结果的一种思维方式。在充满不确定性并难以预测的环境中，具体任务目标无法明确，但创业者具备的资源或拥有的手段是已知的，他们只能通过现有手段的组合创造可能的结果。

首先，成功创业者从现状出发，从我做起，从手段到目标。成功创业者或许并没有一个明确的人生理想与目标追求，也没有一个明确的创意与清晰的产品。成功创业者很冷静地进行自我分析，思考自己是谁，知道些什么；有什么条件，有什么工具，有什么能力。在与人、社会互动过程中寻找志同道合者，寻找合作机会。在条件逐渐成熟时，愿景与使命开始出现。因此，愿景与使命并不是一开始设计出来的，而是由手段、机会和利益相关者推动形成的。

其次，成功创业者在进行创业投资时，关注的不是收益多少，而是风险多大，可能的损失是多少，将损失界定在自己及团队可承受能力范围内。因为面对不可预知的未来，创业者无法也没有时间去预测或计算收益值，创业者将风险控制在自己可以接受的程度，控制潜在损失，即便创业不成功，与那些根据收益而大胆投资的创业者相比，其损失也小得多。这在其他投资项目中非常常见，投资者都有风险厌恶心理，会尽可能回避损失与痛苦。这种基于可承受损失的反复实验，积累了丰富的创业经验，也为获取宝贵的新资源组合创造了机会，铺就了前行之路。

再次，成功创业者会接受也善于利用意料之外之事，尤其是关键事件。这些创业者认为未来是不可预测的，无法确定前进的旅途中会有什么意外风景。因此，他们在保持一定警觉性的同时，也保持灵活性。不排斥意外之事，分析突发事件，利用突发的关键事件检验手段和目标。试图从突发事件中寻找机会，即使面对的是严重的负面事件，他们也能够保持较高的热情。

最后，成功创业者善于借力，有良好的人格魅力与感召力。他们会建立大量合作关系，常常把曾经的有潜力的客户变成合作伙伴，把稳定有诚信的供应商发展成为投资者，把财务投资者变成客户、员工。他们善于打造共享平台，加强利益相关者管理,他们共同做出承诺,携手共创事业并营造相应的环境。

与一般创业者不同,大学生创业者多为初次创业,其可能的优势主要是理论知识与热情。除了面临与其他创业者同样的不确定情境之外,自身还面临着来自家庭、学校的影响,以及受制于自身条件的束缚。

因果推理逻辑与效果推理逻辑对比如表 2.1 所示。

表 2.1 因果推理逻辑与效果推理逻辑对比

	因果推理逻辑	效果推理逻辑
前提条件	目标既定	手段既定
优势	可以借鉴先前的知识、经验	权变的利用手段适应环境变化
劣势	难以控制未来的各种不确定因素	对决策者个人要求较高
决策标准	进行收益分析,"最优标准"	强调在可承受损失下的成本分析,"满意标准"
对待风险态度	尽可能规避风险	提前防范风险
对待竞争的的态度	强调竞争	强调合作联盟
对待未来的态度	未来可以预测,对可预测的部分加以控制	未来无须预测,关注未来的可控方面
取得结果	通过竞争扩大现有市场份额	通过联盟或者合作创造新的市场

2.1.2 参照点理论

参照点又可称为参考点、锚值,是决策者选择决策方案时所依据、所参考的某种因素或标准。其实质是决策标准,表现为某种影响决策的因素。对于决策者而言,参照点具有稳定性与变化性两种特征,当某因素成为影响决策的主要原因或唯一原因之时,这一因素就是该决策的标准。如果决策者的决策行为因此而固化下来,也就是其决策标准稳定,则该决策标准就是参照点。因此,从这个意义上看,任何决策原则、决策标准都可以被理解为参照点。但是,决策者的参照点又是变化的,即决策行为的参照点不是唯一的,可以有其他参照点;决策行为的参照点不是静止的,随着时间的变化而变化(岳超源,2003;西蒙,2004)。因而,理性的决策原则并不是参照点,比如,根据宗教教义做出的决策,这些教义是决策原则,是决策者的初次决策参照点,但固定不变,则不再是参照点。

2.1.2.1 西蒙的参照点理论

西蒙将人的决策过程类比为生物与"人工物",他们的决策过程与决策标准并不是根据理性的决策原则——最优标准而静态作出,而是以"某种期望水平"为参照点而动态进行,到达参照点即获得满意可停止搜索,未达到参照点则扩大搜索范围。"如果我们不把全部备选方案都检查一番,那就必须用某些准则去确定,是否找到了一个稳妥的或令人满意的方案。在决策过程中起这种作用的准则,心理学文献称之为欲望水平。我们已经发掘出苏格兰方言'寻求满意',用以表示设置欲望水平的问题求解过程和决策过程——搜索备选方案,直到发现一个符合欲望水平准则的满意方案,并选择该方案"(西蒙,1989)。参照点的期望水平不像最优决策的决策标准恒定不变,而是动态变化调整的,"对寻求满意式的程序来说,满意方案的存在性,多半取决于动态机制。它们以有关环境的信息为依据,按现实情况调整欲望水平"。在西蒙看来,"生物有足够的本领进行'寻求满意'的适应,但它们一般并不'寻求最优'"(西蒙,1989)。而这种围绕参照点的搜索式的决策机制实乃不得已而为之,因为生物存在能力限度和复杂性方面的局限,而且生物所必须适应的环境有着允许其抉择机制进一步简化的性质。

西蒙提出了"局部有序法则"的决策标准,"寻找 S 中的一个子集 S′,使 V(s) 对 S′中的所有 s 均为满意的(也就是 $V(s) \geq k_i$, $s \in S'$)(西蒙,1989)。西蒙以象棋大师的对弈来解释参照点的存在以及变化情况。西蒙认为,"至少对下棋来说,高明的棋手显然认为,'寻求满意'要比'近似求优'更有用"。"古典"式的下棋程序,是在一个近似世界里做出最优决策的。对这种程序,我们可以视之为特殊的"寻求满意"程序,其中"满意"是以所采用的近似方法来界定的。因此，我们很难在寻求满意和寻求最优两种程序之间，画出一条泾渭特别分明的正式界线，使其中之一无法在另一框架内得到重新解释。这样，下棋程序就可以根据状态的静态评价，设置最初的欲望水平（最好稍微偏高）。随着对各个备选方案进行动态的和静态的考察及分析、状态评价可逐渐减少，直到所发现的最好走法达到了或超过了欲望水平。这与韩国棋手李昌镐只追求51%的效率优势非常类似。妙手是围棋术语，指最精妙的下法，一着妙手可解开困境，可扭转败局，一举制胜，堪称妙到极致的智慧。韩国棋手李昌镐16岁就夺得世界冠军，并开创了一个时代，却很少走出妙手，这成为一个谜。一次，记者问他这个问题，内向的他嗫嚅良久，憋出一句："我从不追求妙手。每手棋，我只求51%的效率。"棋子效率越高越占优势，高效行棋，自古以来就是棋手追求的目标。李昌镐又说："我从不想一举击溃对手。"记者再追问，他不开口了。李昌镐的老对手、中国围棋的代表马晓春九段曾说，如果一手棋的效率满分是10分的话，那么李昌镐的棋，每一手最多只能打6~7分。这印证了李昌镐所言非虚。每手棋追求51%的效率，也就是每个回合只想比对手多得1%。一手棋有这样的效果微不足道，但一盘棋中，有一半以上的棋得到预期效果，结果就是唯一的，那就是赢。李昌镐的棋证实了这一点。他最使对手们头痛的是"半目胜"，一局棋二三百手左右，赢半目（见图2.1）。

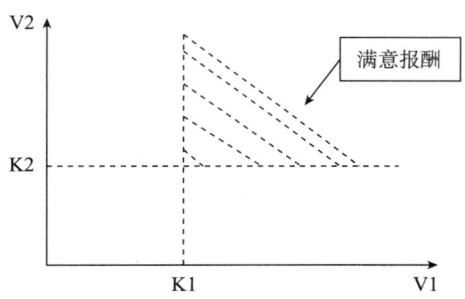

图2.1　报酬的局部有序性

西蒙还以卖房子为例解释参照点的存在以及变化情况。西蒙假设并认为有经验的房主内心存在一个期望。房主不具备充分的信息，他将回避他所不具备的信息，采用近似的模型。"首先，他可能假设一个他肯定能在第 n 天卖出房子并且希望到那时能出手的价格，以此限制其计划期。其次，他一开始将接受价定得很高，观察他所收到的报价的初始分布情况，并逐渐地、大致地向上或向下调整其接受价，直到他收到一个可接受的报价为止——他根本不进行概率计算。我认为，这就是人类寻找'足够好'方案的那种理性适应，也是能在广泛实践领域里实际进行的理性适应"（西蒙，1989）。

作为管理学家，西蒙将有限理性与参照点理论引入到企业经营管理中，以此解释企业决策行为，并断定"管理就是决策"。在企业管理中，企业的各种解决方案都可以是一种基于参照点的满意决策，而且还是一种搜寻规则、调整策略。"满意化规定在哪些条件下开始搜寻，在哪些条件下停止搜寻，并且它能够把搜寻引导向出现失败的领域。业绩与目标的对比情况决定着搜寻。如果业绩低于目标，就会增加搜寻；如果业绩达到目标，就会减少搜寻。随着业绩的起落，搜寻也随之增减，形成了对业绩的反馈。"确定期望差距，也就是比较业绩与目标，是决策者的重要决策步骤。"决策者为一些重要指标设置了愿望水平，比如，企业的销售额和利润、博物馆的贡献与参观量、学校的招生与就业，然后根据这些愿望水平评估业绩。失败增加搜寻，成功减少搜寻。在纯满意化模型中，只要业绩低于目标，搜寻就会继续；一旦业绩超过目标，搜寻就会停止。"对纯满意化模型进行自然修改，就会使搜寻随业绩与目标的差距而变化，并且随着差距的增大，搜寻的变化有递减效应。而且，这种调整还是自我赞许式的，因为决策者会逐渐重视他们所得到的东西。如果销售额上升，市场份额下降，决策者就会把销售额当作适当的目标。如果海外市场回报很低，那么决策者就会主观地降低海外市场的重要性。

2.1.2.2 卡尼曼与特维尔斯基的参照点理论

阿莱斯悖论出现后，研究者主张摒弃主观期望效用理论，开始注重对决策者心理的研究，发展新的效用理论。其代表是卡尼曼（Kahneman）和特维尔斯基（Tversky）于1979年提出的前景理论（Prospect Theory），它强调人们的行为选择要受到心理因素的影响（Kahneman 和 Tversky，1979）。卡尼曼最重要的成果是关于不确定情形下人类决策的研究。在认知心理学的基础上，他证明了人类的决策行为如何系统地偏离标准经济理论所预测的结果。首先，他论证了人们在不确定情形下进行决策，会走一些思维捷径，这些捷径有时会帮助人们快速地做出准确的判断，但时常会导致判断的偏差，这种偏差又称为启发式偏差（丹尼尔，2003）。卡尼曼、特维尔斯基等行为经济学者通过大量的心理学实验证实了当人们面对不确定的复杂情境时，存在着通过简约法则，运用启发式策略走"认知捷径"的倾向（张茉楠，2005；张茉楠、李汉铃，2005），但他们重点关注的是这一认知倾向如何系统化地偏离理性决策范式，产生"谬误"，却没有揭示简捷启发式等非理性行为产生的内在认知机制，没有阐释它们积极的生态学意义。前景理论假设，风险决策过程包括编辑与评价两个阶段。在编辑阶段，决策者主要对信息进行编码、化简、归并等加工处理；在编辑的基础上，决策者依据价值函数、权重函数赋予选项不同的效用值，最终选取最大期望效用值做出决策，在完成编辑信息的基础上，进入决策的第二个阶段——评价阶段。

（1）价值函数曲线。

价值函数表现为一条S形曲线，该曲线是一条经验曲线，而不是由具体数值计算得来的。价值函数的计算公式为：

$$V = \sum \mu(p_i) v_i(x)$$

式中，μ 为决策权重，p 为主观概率，V 为主观感受的价值，与参照点有关。自然的参照点为决策者的现状，在坐标中设为 0 点。当某一选项 $x > 0$ 时，视为获益；当选项 x < 0 时，视为损失。i 为选项的次数。

价值函数曲线的特点如下：

第一，价值是在选择某一参考点之后被分成获益与损失两方面进行计算。

第二，价值函数在获益区呈凸形，在损失区呈凹形，形成一条 S 曲线，参照点为坐标原点。如果相对于某一参照点而言，某项结果看起来是一种获益，那么其价值函数即为凸形，决策者倾向于规避风险。

第三，价值函数曲线在赢区平缓，在输区陡峭。

第四，在零点附近，个体对损益值的变化特别敏感。

（2）权重函数。决策权重是决策者根据结果出现的概率做出的某种主观判断。权重函数的一个最突出的特征是强调决策权重向概率的回归（近两个端点除外）。小概率事件的决策权重远远大于高概率事件的决策权重。小概率事件的超决策权重可以帮助我们理解人们买彩票的行为。

在前景理论中，实际的行为选择取决于前景的总值大小，前景的总值由价值和决策权重刻画。这里的价值是人们主观上对结果变化的评价值，结果是相对一个参考点定义的，这一点也就作为价值函数的零标度，以此测度人们在主观上对背离该点的收入和损失值的评价。卡尼曼和特维尔斯基通过严格的行为实验，发现并不能用完全的理性来解释人们实际的行为，人们在决策中存在非理性的行为，因此，要考虑到心理因素对行为决策的影响。实际上，人们的行为选择是受理性和心理因素共同作用的结果，他们的成果得到了现代心理学的认同。

2.1.3 社会情感财富论

与传统企业组织理论注重经济利益与经济目标不同，社会情感财富论强调非经济利益与目标在企业管理中的作用。该理论的提出解释了家庭（家族）企业成长过程中出现的新现象，并逐步取得家庭（家族）企业研究领域的主导地位，其合理而又有力地论证了家庭企业与其他企业组织形式的差异性与生命力。Gomez – Mejia 等在对西班牙南部的橄榄油作坊企业的调研过程中发现，这些小型橄榄油自身实力不足以抗拒可能的市场风险，但这些企业主并不愿加入合作社（Gomez – Mejia、Wiseman 和 Does，2007；Gomez – Mejia，2001）。Gomez – Mejia 等利用社会情感财富理论解释了这些企业主之间的生产与合作行为，他们认为家族企业的风险偏好并不是稳定不变的，经济利益是很重要，但经济利润等因素并不是首要决策参照点，而是将社会情感财富（SEW）作为其首要决策参照点。Gomez – Mejia 将 SEW 定义为满足企业情感需求的家族企业非财务方面的因素，SEW 包括多种形式，例如家族成员的身份、家族成员的社会影响力、家族的传承、家族价值观的延续、家族社会资本的保存等。Berrone 等将 SEW 重新定义为来自家族控制地位的与情感相关的价值，它包括家族成员的个人权威、家族影响、家族认同等。

Gomez – Mejia 等根据 SEW 的来源，将其划分为情感、文化价值观和利他精神三个维度。

首先，家庭企业是家庭的一个延伸，是对家庭历史与文化的一个传承，从出生开始，家族成员就生活在一起，彼此之间形成了稳定而相互依赖的情感，家庭成员的身份和家庭企业紧密相连。家庭企业不仅解决了家庭成员的收入问题，也解决了工作问题与情感问题。家族成员一般拥有一定的股份，即使没有股份，他们也不会轻易离开企业。这与非家庭企业员工不同，他们可以自由表达自身的财务诉求并自由处置他们的股份，甚至可以自由决定是否离开企业。

其次，家庭的家风与文化价值观通过家庭企业得以延续。家庭企业组织与家庭组织一样都具有自己的价值理念，两者是紧密联系的，家庭组织的传统、习惯等会自然延伸到企业组织中，家族成员希望将家庭独特的价值观与文化作为企业价值观与企业文化。尤其是家庭企业创始人，更愿将自己的权威意志与人生价值根植于企业中。不仅在创业时期，而且在随后的一个阶段内，这些价值观和所有者的经营动机仍然是跨代传承的强大的文化驱动。

最后，利他主义一般只在家庭中存在，因为家庭义务的履行更多的是基于血缘关系而不是竞争关系。与满足自身利益为主的功利主义不同，利他主义常常被企业视为有效的、"高大上"的行动指南。在面临利益冲突时，无论是眼前还是长远，局部还是整体，家庭成员常常会从企业大局出发权衡利弊，会选择在短期自损个人利益，这使得家庭成员的机会主义行为大大减少，从而为家庭或其他利益相关者带来了福利。

Berrone 在 Gomez – Mejia 的三维度基础上将 SEW 重新划分为五个维度，以进一步丰富 SEW 内容体系（Berrone 和 Gomez – Mejia，2012）。

第一，家庭控制与影响维度。家庭组织多强调家长权威，家庭企业的组织结构设置多为集权式，强调对家庭企业的控制权，强调企业主对家庭企业的影响力。即使这样的组织结构配置可能会对企业绩效产生负面影响。家庭成员是否拥有控制权与决策权是区分家庭企业与非家庭企业的一个重要标志。这种控制可以是实际控制也可以是名义控制，在决策角色上既可以是董事长，也可以是 CEO。拥有控制权才拥有决策权，才可以施加影响力，控制与影响是一个整体，并且家庭成员都高度渴望得到家庭控制权与家庭影响力。

第二，认同维度。家庭成员具有一种归属与依赖心理，表现为对家庭企业的认同。认同家庭企业，其实就是对家庭的认同，也是对自身的认同。家庭成员会自觉地维护家庭的名声与地位，自觉地约束自己的言行，将家庭企业的价值观与规章制度作为自己的决策原则。

第三，社会关系维度。家庭是基本的社会单位，家庭成员以家庭为单位开展各种社会活动，家庭成员在企业内部所产生的密切关系，逐渐扩展到家庭之外。家庭企业更乐于加强与社区的关系，赞助社团活动，做良好的社会公民。他们这样做或出于利他目的，或希望享受到被认可的感觉，或两者兼而有之。

第四，情感依恋维度。家庭的血缘与地缘关系，塑造并扩大了家庭成员之间的情感。事实上，许多学者认为源自家庭参与的情感因素和商业因素的交织是家庭企业的独特属性。由于在家庭企业内，家庭和企业之间的界限是模糊的，家庭情感渗透到组织内部，影响家庭企业的决策过程。同时，这一维度对于理解在某些情况下家庭成员的利他主义行为十分有用。

第五，跨代传承的意愿。企业主常常会思考家庭企业如何"基业长青"，家庭企业一般会将家族的姓氏融入企业之中，这使得家族企业被看作家族自身的延伸。企业主会将企业、公司视为一项长期投资，以传承给家庭后代。即便在其事业鼎盛时期也会思考家庭企业传承问题，最希望看到自己的子女扛起企业的帅旗。

Breton – Miller 等则将 SEW 分为约束型（Restricted）和延伸型（Extended）两类（Breton – Miller 和 Miller，2013；Miller、Breton – Miller 和 Lester，2013）：约束型属于短期的非经济利益导向，强调控制权与影响力，会使企业资源过分集中，不能集合利益相关者资源，导致战略保守和创新不足，最终损害企业绩效和家庭长期的 SEW。延伸型 SEW 则属于长期的非经济利益导向，强调家庭利益和利益相关者利益达到平衡与兼顾，重视维护家庭声誉与地位，致力于维护家庭企业与利益相关者的长久关系，会促进企业对成长、家庭和企业的声誉做投资，让家庭、企业与利益相关者共同获益。关于 SEW 各维度优先级问题，Miller 从企业生命周期角度认为，在家庭企业生命周期的不同阶段，家庭企业主与高级管理者对 SEW 各个维度有不同的优先级判断。在企业创始期，企业面临很大的生存风险，创始人热情有余但经验不足，企业自身实力薄弱，市场刚刚开拓不稳定，还没有一定的信誉，资金压力大等。因此，此阶段的重点是维持企业生存，在不损害家庭社会情感利益的前提下，他们更倾向于实行短期的、以家庭为中心的策略。在企业进入成长期后，企业主与家庭成员之间的情感与依恋得到强化，会着重考虑家庭成员的感受并都愿意为企业的发展而努力。

2.1.4 动力心理学

西蒙的"满意""某种期望水平"概念来自勒温的动力心理学。目前西方心理学中仍然对立着的人本主义心理学与认知心理学，都把勒温看作自己阵营中的一员（申荷永，1999）。以需求层次理论著称的马斯洛，曾经就把勒温视作自己人本主义心理学阵营中的主要成员。对于人的动机或动力的来源的理解而言，"求乐"与"稳态"是心理学中的两种主要思想。稳态论者主张，有机体内有一种典型的自我保护和自然平衡的倾向，强调人所具有的一种自我控制的能力。坎农认为，"稳态这个词，不是表示某种固定不变的事物或一种停滞状态。它表示这样一种情况——一种可变的而又保持相对恒定的情况"（申荷永，1991）。稳态的失调就会产生有机体的紧张状态，并促使有机体通过适应性行为，去获取新的平衡。勒温的心理紧张系统，便是遵循了这种稳态论的动力模式。只有当需求打破了原有的心理平衡，才会引起内在的紧张；而由这种紧张所激发的行为，不是为了避苦求乐，而是为了获取新的内在平衡。

勒温认为，人的行为根源是由意志或需求压力所致的心理紧张系统。"心理紧张系统"是勒温心理学中的基本动力概念，也是其心理场论中最基本的动力观念。他认为，只要在一个人的内部存在一种心理的需求，也就会存在一种处于紧张状态的系统。紧张的释放可为心理活动和行为提供动力和能量，从而构成了决定人的心理活动和行为表现的潜在因素。为了证明这一理论设想，他指导学生进行了一系列的实验研究。勒温认为，一件要完成的工作等于一种准需求，并会随之产生相应的心理紧张；如果完成了工作，紧张就会消除；如果工作受阻没有完成，心理紧张将继续存在，并且会影响被试的行为和心理活动。他的学生蔡加尼克实验的结果完全证实了勒温的理论设想。其实验解释是，"当被试接受一项工作时，内心便产生一种完成这项工作的准需求，完成工作便意味着解除心理紧张，或使准需求得到满足；如果未完成工作，紧张状态继续存在，准需求有待实现。中途受阻未完成工作的被试，之所以在回忆工作时占优势，一定与这些继续存在的准需求有关"（申荷永，1991）。他的另一个学生奥芙散金娜进行了关于"受阻活动的重做趋势"的实验，实验的目的是证明"意向性活动的潜在动力不是联想而是一种紧张系统，我们将会看到一种对受阻活动的重做趋势"，实验得到了预期的结果，勒温认为这一实验同样证实了"一种目的或一种意向，可以形成一种准需求，产生具有动力意义的紧张系统"。

"欲求水准"概念首次出现在勒温的学生丹波的实验报告中，在丹波看来，"欲求水准"意指一个人"对目标所期望的程度"。他的另一个学生霍普，也对"欲求水准"问题进行了探索实验，结果显示，成功的体验倾向于提高未来活动的欲求水准，而失败的体验会降低欲求水准。它一般可被归纳为如下程序：让被试做一种活动或工作，使他在这种游戏或工作中得到一定的成绩记录。在取得一定成绩后，让被试说出他下一次准备取得的分数。被试再做一次游戏或工作，取得另一项成绩。对第二次成绩，被试将产生成功或失败的体验，并会产生新的欲求水准。在这一程序中，第二点（即设立欲求水准）与第四点（对成就的反应）最为重要。就目前来说，心理学家仍然把人的欲求水准看作人格发展中的一种动力因素。在勒温的动力心理学理论中，行为或心理活动的目标，也具有一种力或力的性质，勒温称之为"引拒值"。正的引拒值具有吸引力，负的引拒值具有排拒力，所以，人的行为不单是由于内在需求和紧张的推动，还由于目标本身的吸引（或排拒）。需求的强度增加，与该需求有关的目标的引拒值也会增加；而引拒值的增加，又反过来影响需求的强度。勒温的团体决策理论把"决策"作为动机与行动之间的中介，这是对动机理论的一种新的发展。传统的观点把行为看作动机的直接结果，忽视了行为者的主体意识性，而团体决策理论则提出了心理认知的动力意义。

勒温继承并发展了格式塔心理学，形成了具有特色的"场心理学"。格式塔心理学强调经验和行为的整体性，主张以整体的动力观、结构观来研究人的心理现象，注重人格和人的社会心理世界的探索。一个格式塔系统既具有动力性也具有结构性，勒温认为任何一种心理活动或过程，都必然发生在一种特定的心理环境（或称之为心理场）之中。一个场就是一种动力的整体，或者说是一种系统，其中任何一部分都会对其他部分产生影响。勒温认为，为了理解或预测行为，必须把人及其环境看作一种相互依存因素的集合，并称之为个体的生活空间（Life Space），其公式为 $B = f(PE) = f(LS)$。也就是说，生活空间（LS）包括了人

（P）与其环境（E），行为发生在这种生活空间之中，它既是人与环境的函数，也是生活空间的函数。生活空间以对人的行为发生实际影响为存在标准，将主体和客体融合成一个共同整体，并表现出整体所具有的格式塔性，即其中任何一部分的变化都必将引起其他部分的变化（Lewin，1948）。在勒温的动力心理学思想中，人与环境是密切相关的，他的心理紧张系统便包括了人与环境的关系，包括了紧张与目标的相互作用（刘九林，2005）。以拓扑学为背景，勒温把人的心理生活空间划分成不同的区域。按照拓扑学的原则，区域没有数量和大小的区别，也没有质的规定；它不但具有拓扑的形式，而且表现出拓扑的特性。然而，就心理学的意义而言，一个人所在的环境与区域，将对其行为产生很大影响；不同的环境与区域，会引发不同的行为表现。由于在同一时间，可能会有几个系统或区域处于紧张状态，而且每一紧张系统，又都与其周围区域中的一种或几种引拒值有关，因而，行为便成为这一动力场中各种力相互作用的结果。将心理动力、认知和环境结合起来考察人的行为，可谓是一种具有现代意义的心理动力论，对企业家决策依然具有很强的现实指导意义。

2.1.5 符号互动论

符号互动论（Symbolic Interactionism）是一种侧重于从心理学角度研究社会的理论流派，又称象征互动论。该理论认为社会是由互动着的个人构成的，对于诸种社会现象的解释只能从这种互动中寻找。家庭与社会、家庭中的人与人之间的相互作用，是通过象征性的行为来沟通的；强调个人对家庭的顺应，强调家庭内部的协调；认为夫妻之间的行为决定整个家庭的命运。

符号互动论作为一种关注个体行为的社会学理论产生于20世纪30年代。它强调人类主体性的理论前提，关注个体间互动行为的经验研究取向。符号互动论反对实证主义社会学轻视行动者主观能动性的社会结构决定论，提出行动者的认识、行动和互动构成社会的理论命题。其思想奠基人米德试图探索个体思想和行

第2章 理论基础与文献综述

动之间的关系，发展用社会行动解释个体意识的社会心理学。米德吸收了实用主义哲学关于真理的经验关联性和行为主义心理学客观的意识研究方法，提出根据个体的行动特别是能被他人观察到的行动来研究个体经验的广义的行为主义方法，并将理解个体的行为与经验置于整体的社会背景之中，发展出"社会行为主义"方法（丁东红，2007）。米德之后，布鲁默系统提出了以"符号互动"为基础的微观社会学理论，其核心仍然是意义、自我等情境知识与社会组织的关系问题（渠改萍，2010）。

符号互动理论强调社会是一种动态实体，是经由持续的沟通、互动过程形成的。符号互动论主张在与他人处于互动关系的个体的日常情境中研究人类群体生活。特别重视与强调事物的意义、符号在社会行为中的作用（渠改萍，2010）。符号互动论的基本观点是：了解个人行为，就必须先了解群体行为。事物本身不存在客观的意义，它是人在社会互动过程中赋予的；人在社会互动过程中，根据自身对事物意义的理解来应对事物；人对事物意义的理解可以随着社会互动的过程而发生改变，不是绝对不变的。在符号互动理论中，符号是基本的概念。符号是指所有能代表人的某种意义的事物，比如语言、文字、动作、物品甚至场景等。一个事物之所以成为符号，是因为人们赋予了它某种意义，而这种意义是大家（相关的人们）所公认的。文字是一种符号，它是认识或使用该种文字的人的沟通工具。语言是所有符号中最丰富、最灵活的一个符号系统，通过口头语言、身体语言（包括表情与体态）等，人们可以传达各种意义，实现人们之间的复杂交往。物品也是重要的符号，比如，校徽是一所学校的代表，国旗是国家的象征。一定的社会情境也具有符号的意义。比如，中国人认为红色代表吉祥，于是人们把婚姻的场合布置得红火热烈。组织中的成员遇到负责人在场且凝重的场面，他会意识到可能发生了什么事，因为在人们的经验中这种场合代表了特殊的意义。

在符号互动理论中，情境是指人们在行动之前所面对的情况或场景，包括作为行动主体的人、角色关系、人的行为、时间、地点和具体场合等，因为人们可以将上述因素进行组合以表达自己的意义。实际上，任何具有意义的符号只有在一定的情境之中才能确切地表示出其意义。同样，人们只有将符号视为一个系统，或者在一定背景下去理解符号才能真正领会其中的含义。比如，拍了人一巴掌这一动作在各种不同的背景下意义会有不同，甚至意义完全相反。于是，解释情境对于理解人的行为和进行互动十分重要。托马斯（1999）认为，人们在自觉的行动之前总有一个审视和考虑阶段，即要对他所面对的情境做出解释，赋予这一既定情境以意义，他称此为情境定义（Definition of the Situation）。托马斯认为，一个人对情境的主观解释（或定义）会直接影响他的行为。在这里，主观的含义包括他把哪些因素纳入考虑之中和怎样解释它们。当然，所谓主观解释并不完全是主观的，实际上一个人对情境的解释是他以往社会化成果的反映。

2.1.6 社会结构功能论

功能主义的基本原则是从生物学占据统治地位的 19 世纪发展起来的。奥古斯特·孔德和赫伯特·斯宾塞提出了功能主义的最基本原则：社会与生物有机体在许多方面是相似的。

第一，社会与生物有机体一样都具有结构。

第二，与生物有机体一样，一个社会要想得以延续就必须满足自身的基本需要。例如，一个社会必须要有能力从周围的环境中获得食物和自然资源，并且将它们分配给社会成员。

第三，与构成生物有机体的各个部分相似，社会系统中的各个部分也需要协调地发挥作用以维持社会的良性运行。美国社会学家 T. 帕森斯在 20 世纪 40 年代提出了结构功能主义这一名称，他在以后的许多论著中，为形成结构功能主义的系统性理论做出了很大努力，并成为结构功能分析学派的领袖人物（曹文，2015；王敏、章辉美，2005）。帕森斯认为，社会系统是行动系统的 4 个子系统之一，其他 3 个是行为有机体系统、人格系统和文化系统。在社会系统中，行动

第 2 章 理论基础与文献综述

者之间的关系结构形成了社会系统的基本结构。社会角色作为角色系统的集体，以及由价值观和规范构成的社会制度，是社会的一些结构单位。

社会系统为了保证自身的维持和存在，必须满足四种功能条件：①适应。确保系统从环境中获得所需资源，并在系统内加以分配。②目标达成。制定系统的目标和确定各目标的主次关系，并能调动资源和引导社会成员去实现目标。③整合。使系统各部分协调为一个起作用的整体。④潜在模式维系。维持社会共同价值观的基本模式，并使其在系统内保持制度化。在社会系统中，执行这 4 种功能的子系统分别为经济系统、政治系统、社会共同体系统和文化模式托管系统。这些功能在社会系统中相互联系。社会系统与其他系统之间、社会系统内的各亚系统之间，在社会互动中具有输入—输出的交换关系，而金钱、权力、影响和价值承诺则是一些交换媒介。这样的交换使社会秩序得以结构化。

美国社会学家 R. K. 默顿是结构功能主义的主要代表人物之一，他发展了结构功能方法。默顿认为，在功能分析上，应该注意分析社会文化事项对个人、社会群体所造成的客观后果。他提出外显功能和潜在功能的概念，前者指那些有意造成并可认识到的后果，后者指那些并非有意造成和不被认识到的后果。进行功能分析时，应裁定所分析的对象系统的性质与界限，因为对某个系统具有某种功能的事项，对另一系统就可能不具这样的功能。功能有正负之分，对群体的整合与内聚有贡献的是正功能，而推动群体破裂的则是负功能。默顿主张根据功能后果的正负净权衡来考察社会文化事项（曲贵卿、张海涛，2008）。他还引入功能选择的概念，认为某个功能项目被另外的功能项目所替代或置换后，仍可满足社会的需要。社会制度或结构对行动者的行为影响是默顿著述中的主题之一。他认为，社会价值观确定了社会追求的目标，而社会规范界定了为达到目标可采用的手段。如果文化结构（目标）与社会结构（制度化手段）之间发生脱节，就会出现社会失范状态，导致越轨行为。

2.1.7 需要层次论

马斯洛是美国社会心理学家、人格理论家和比较心理学家，人本主义心理学的主要发起者和理论家。在马斯洛看来，人类价值体系存在两类不同的需要：一类是沿生物谱系上升方向逐渐变弱的本能或冲动，称为低级需要和生理需求；另一类是随生物进化而逐渐显现的潜能或需求，称为高级需求。人都潜藏着这五种不同层次的需求，但在不同的时期表现出来的各种需求的迫切程度是不同的。人最迫切的需求才是激励人行动的主要原因和动力。人的需求是从外部得来的满足逐渐向内在得到的满足转化。低层次的需求基本得到满足以后，它的激励作用就会降低，其优势地位将不再保持下去，高层次的需求会取代它成为推动行为的主要原因。有的需求一经满足，便不能成为激发人们行为的起因，于是被其他需求取而代之。高层次的需求比低层次的需求具有更大的价值。热情由高层次的需求激发。人的最高需求即自我实现就是以最有效和最完整的方式表现他自己的潜力，唯此才能使人得到高峰体验（马斯洛，2013）。

人的五种基本需求在一般人身上往往是无意识的。对于个体来说，无意识的动机比有意识的动机更重要。对于有丰富经验的人，通过适当的技巧，可以把无意识的需要转变为有意识的需求。马斯洛还认为，在人自我实现的创造性过程中，会产生出一种所谓的"高峰体验"的情感，这个时候的人处于最激动人心的时刻，是人存在的最高、最完美、最和谐的状态，这时的人具有一种欣喜若狂、如醉如痴、销魂的感觉。实验证明，当人待在漂亮的房间里时显得比在简陋的房间里更富有生气、更活泼、更健康；一个善良、真诚、美好的人比其他人更能体会到存在于外界中的真善美。当人们在外界发现了最高价值时，就可能同时在自己的内心中产生或加强这种价值。总之，较好的人和处于较好环境的人更容易产生高峰体验。

马斯洛在1943年发表的《人类动机的理论》一书中提出了需求层次论。这种理论的构成基于3个基本假设：①人要生存，他的需求能够影响他的行为。②只有未满足的需求能够影响行为，满足了的需求不能充当激励工具（杜红，2001）。③人的需求按重要性和层次性排成一定的次序，从基本的（如食物和住房）到复杂的（如自我实现）。当人的某一级的需求得到最低限度满足后，才会追求高一级的需求，如此逐级上升，成为推动继续努力的内在动力。马斯洛理论把需求分成生理需求、安全需求、感情需求、尊重需求和自我实现需求五类，依次由较低层次到较高层次。

（1）生理上的需求。这是人类维持自身生存的最基本要求，包括饥、渴、衣、住、性方面的要求。如果这些需求得不到满足，人类的生存就成了问题。在这个意义上说，生理需求是推动人们行动的最强大的动力。马斯洛认为，只有这些最基本的需要满足到维持生存所必需的程度后，其他的需求才能成为新的激励因素，而到了此时，这些已相对满足的需要也就不再成为激励因素了。

（2）安全上的需求。这是人类要求保障自身安全、摆脱事业和丧失财产威胁、避免职业病的侵袭、接触严酷的监督等方面的需求。马斯洛认为，整个有机体是一个追求安全的机制，人的感受器官、效应器官、智能和其他能量主要是寻求安全的工具，甚至可以把科学和人生观都看成是满足安全需求的一部分。当然，当这种需要一旦相对满足后，也就不再成为激励因素了。

（3）感情上的需求。这一层次的需求包括两个方面的内容。一是友爱的需求，即人人都需要伙伴之间、同事之间的关系融洽或保持友谊和忠诚；人人都希望得到爱情，希望爱别人，也渴望接受别人的爱。二是归属的需求，即人都有一种归属于一个群体的感情，希望成为群体中的一员，并相互关心和照顾。感情上的需求比生理上的需求更细致，它和一个人的生理特性、经历、教育、宗教信仰都有关系。

（4）尊重的需求。人人都希望自己有稳定的社会地位，要求个人的能力和成就得到社会的承认。尊重的需求又可分为内部尊重和外部尊重。内部尊重是指一个人希望在各种不同情境中有实力、能胜任、充满信心、能独立自主。总之，内部尊重就是人的自尊。外部尊重是指一个人希望有地位、有威信，受到别人的尊重、信赖和高度评价。马斯洛认为，尊重需求得到满足，能使人对自己充满信心，对社会满腔热情，体验到自己活着的用处和价值。

（5）自我实现的需求。这是最高层次的需求，它是指实现个人理想、抱负，发挥个人的能力到最大程度，完成与自己的能力相称的一切事情的需求。也就是说，人必须干称职的工作，这样才会使他们感到最大的快乐。马斯洛提出，为满足自我实现需求所采取的途径是因人而异的。自我实现的需求是在努力实现自己的潜力，使自己越来越成为自己所期望的人物。

五种需求像阶梯一样从低到高，按层次逐级递升，但这一次序不是完全固定的，可以变化，也有种种例外情况。一般来说，某一层次的需求相对满足了，就会向高一层次发展，追求更高一层次的需求就成为驱使行为的动力。相应地，获得基本满足的需求就不再是一股激励力量。五种需求可以分为高低两级，其中生理上的需求、安全上的需求和感情上的需求都属于低一级的需求，这些需求通过外部条件就可以满足；而尊重的需求和自我实现的需求是高级需求，它们是通过内部因素才能满足的，而且一个人对尊重和自我实现的需求是无止境的。同一时期，一个人可能有几种需求，但每一时期总有一种需求占支配地位，对行为起决定性作用。任何一种需求都不会因为更高层次需求的发展而消失。各层次的需求相互依赖和重叠，高层次的需求发展后，低层次的需求仍然存在，只是对行为影响的程度大大减小。马斯洛和其他的行为科学家都认为，一个国家多数人的需求层次结构，是同这个国家的经济发展水平、科技发展水平、文化和人民受教育的程度直接相关的。在不发达国家，生理需求和安全需求占主导的人数比例较大，而高级需求占主导的人数比例较小；而在发达国家，则刚好相反。在同一国家不同时期，人们的需求层次会随着生产水平的变化而变化。

2.2 文献综述

2.2.1 期望与家庭期望

期望是一种心理欲求与期待,在不同的学科中有着不同的含义。对期望的研究始于心理学界。在早期的心理学家看来,目标期望水平是个体对其正常能力的评估与其可感知的理想业绩之间的某个值,它是可变动的,即在取得成功之后会上升,在不成功时则会下降(贺小刚、连燕玲、张远飞,2013)。Hoppe(1930)将期望定义为:"个人对未来成就期望或欲求的整体。"人的期望会影响到决策判断(Hoppe,1930;Frank,1941;Lewin,1948)。期望的大量应用研究出现在教育领域,主要围绕父母期望、教师期望与学生自我期望而展开。Finn(1972)以期望网的形式来说明期望形成的复杂性,文化与个人特点是影响期望的主要因素。父母期望作为家庭因素的构成部分,对青少年自我概念有重要影响(Halle、Kurt 和 Costes,1997),Buck 和 Doris(1991)认为,父母期望是父母根据自己的经验、学识和思考,为孩子的将来做出的构想、规划和设计。

英文"Family",既可译为家庭,也可译作家族。我们从英文里看不到"家庭"与"家族"的区别。在人类学、社会学里,"Family"(家庭)是指夫妻以及他们尚未成年的子女,这是一种三角结构关系(张强,2002)。作为科学用语,家庭是由"夫""妻""子女"一个三角关系构成的,这种家庭结构也称为原子家庭。血缘关系和婚姻关系是判定家庭的标准,但在我们中国人口语里经常用的"家",含义很宽(费孝通,1988)。家庭期望与父母期望常常被理解为一致的,国内学者对父母期望的理解大致可分为三类：第一，对概念的理解。部分学者认为父母期望是父母依据其在日常生活中与子女的互动经验以及对现有资源的认识，形成的对其子女的行为表现及未来发展的预测和评价（张会科，2016；刘梦洁、冯喜珍、何秋瑾，2015；张玉娇，2012）。第二，对类型的划分。部分学者认为父母期望不仅包括学业期望、未来成就期望，还包括品行期望、人际关系期望和身心素质期望等（龚婧、卢正天、孟静怡，2018；张奇林、李鹏，2017；刘保中、张月云、李建新，2015）。第三，部分学者认为父母期望是一种家庭过程变量，是动态的持续过程，并渗透到子女的认知、态度和情感等方面的发展（刘保中、张月云、李建新，2015，2014；李栩、侯志瑾、冯缦，2013；杨春华，2016）。父母期望是反映父母价值取向的家庭环境中的一项主观变量和心理定式，家庭期望与家庭教育的目标、方向直接相关，对子女行为动机起一定作用；父母作为个体的重要影响人，其期望作用不仅直接影响个体发展的结果，也通过影响个体的自我评价进而影响个体发展结果（刘宇鹏，2016）。与父母期望的大量研究成果相比，家庭期望的研究成果则要少得多，现有的相关研究几乎没有给"家庭期望"下过严格、明确的定义，而以其外延，即家庭期望包括哪些方面的内容来体现研究者对该词的理解。潘国锋（2014）将家庭期望特指为家庭就业期望，认为家庭就业期望由对薪酬福利、工作地点、单位性质、专业对口、工作环境的期望五个维度共同构成。

2.2.2 家庭期望与企业决策

期望应用在企业管理领域有两个方面，一方面是作为决策的期望，另一方面是作为管理手段或管理动力的期望。Hoppe 的研究发现，人的目标倾向于与其前期类似工作的业绩保持连续性，这一发现为目标期望理论奠定了基础（贺小刚、邓浩、吕斐斐、李新春，2017）。在组织文献中，目标期望水平的概念由 Simon 引入，他认为决策者一般是将结果解释为满意或不满意，目标期望水平就是两者之间的分界线。这些理论的观点后来由 Cyert 和 March、Levinthal 和 March 发展成为可以检验的数学命题，并广泛运用于很多行业的研究中。作为决策的期望，始于西蒙，他认为管理就是决策，决策以"满意"为原则，"满意"即指"某种期望水平"（Powell、Lovallo、Fox，2011）。用高于或低于某一参照点进行决策选择是现实的，也是一种趋势。"这一趋势对决策者来说具有重要的意义。一个杯子是半空还是半满，这取决于决策者的愿望水平和经历。经历是重要的，因为愿望水平足够好和不够好的分界线是不稳定的，尤其是个体会调整自己的愿望（目标）以反映他们的经历。"（西蒙，1989）。期望水平（Aspiration Level）是企业想要达到的目标，对企业的战略决策极为重要。受有限理性的影响，决策者更倾向于追求"满意"的方案而不是"最优"的方案（马奇，1963），因而，经营期望在企业决策中发挥着重要的作用。企业行为理论（Cyert 和 March，1963）认为，在决策过程中，管理者会有一个心理上的满意值作为决策者的参考点，于组织而言这一参考点就是企业经营的期望水平（连燕玲等，2014）。根据现有研究，企业的经营期望水平受两个因素的影响：企业本身过去的经营业绩（Cyert 等，1963；Levinthal 等，1981）和企业所处行业中其他企业的经营业绩（Mezias、Murphy、Chen，2002；Milliken、Lant，1991；Festinger，1954；Cyert 等，1963）。至于哪一因素占主导地位至今尚不明确（Baum 等，2005，2004；Greve，2003，1998）。Audia 和 Brion（2007）通过实证研究，认为企业自身的历史经营业绩对经营期望水平的影响更大。相反，Mishina 等（2010）在其实证研究中则认为，同行业中其他企业的期望（社会期望）对组织期望的影响更重要。现有研究表明经营期望影响企业战略变革（Levinthal、March，1993；Chen Wei-Ru，2008；Manns 等，1978；Kraatz，1998；Kraatz 等，1996；Zajac 等，1993；连燕玲等，2014，2015）、研发投入（Henrich R. Greve，2003；Chen，2008；王菁，2018；王菁等，2014）、资产重组（Thomas 等，2007；Shimizu，2007）、企业绩效（Gimeno、Folta、Cooper，1997；Lant、Mezias，1992；连燕玲等，2014）。贺小刚、邓浩、吕斐斐、李新春（2017）指出，期望落差导致决策者倾向于冒险创新还是规避风险,这仍旧是没有解决的重要问题。创新是决策者的冒险动机与冒险能力共同作用的结果。期望落差与企业创新关系的不确定性意味着此领域的理论框架还存在改进空间,主要有以下4个研究思路:一是从决策参照点角度进行反思,重新界定决策参考点。早期的学者多以平均的状态作为参考点,之后一些学者强调了生存参照点在决策中的作用。近年来,一些学者,比如 Moliterno 和 Beckman 则认为,那些业绩超过正常水平的企业关心的问题是如何做到最优,所以"最优业绩"成为决策参照点或者将追求第一作为参考点。二是找到期望落差与冒险行为之间的制约因素。三是假定期望落差与冒险行为之间存在非线性关系。四是拓展对冒险行为的理解与界定,包括技术性变革、新的组织结构的开发、并购、非本地合作对象的选择、CEO 的建议采纳、资源分配、董事会对高管的监管等(Chrisman、Patel,2001;Fahlenbrach,2009;Schulze、Lubatkin、Dino,2003,2002;Hayward、Hambrick,1997;Begley,1995)。这些研究思路对于更为深入地理解期望落差与企业创新之间关系提供了理论基础,但这些研究文献基本上都先验地假定决策者在任何期望落差状态下均具有足够的解决问题的能力,并简单地假定它将随着落差的增大而无限地增强。

在西蒙理论的基础上,卡尼曼(Kahneman)和特维尔斯基(Tversky)的前景理论(Kahneman 等,1979)认为通过比较组织的实际绩效与期望绩效可形成"获益"和"损失"两种状态,这两种不同的决策状态会影响企业后续行为进而影响企业绩效。当企业实际绩效低于目标期望水平时,决策者认为企业面临失败的威胁,将低于目标期望水平的状况认定为企业的"损失",通过战略调整等冒险行为使经营业绩达到期望水平;反之,实际绩效达到或高于期望水平是对过去经营决策的一种肯定,决策者容易满足这种"收益"状态从而减少冒险性行为以使企业稳健发展。李伟(2013)指出,第三代前景理论在对之前的前景理论进行继承的基础上,将固定参考点发展为不确定参考点,这不但拓展了前景理论的研究内容,而且使得决策主体实际行为中的偏好反转现象能够被预测。不少学者也试图从宗教信仰和政治倾向的视角,研究决策者的文化背景对其风险偏好水平的作用。厌恶不确定和担心风险的个体热衷于宗教活动，这使得宗教信仰与风险偏好水平之间存在着显著的负相关关系。例如，通过研究发现，来自宗教国家的企业由于处于风险规避的文化环境中，具有比较低的风险偏好水平，这种企业倾向于稳健、谨慎决策，减少风险投资，这使得他们的研发和资本支出水平都比较低。企业的投资决策所发生的各种变动在很大程度上取决于作为企业决策者的企业家的心理变化，企业家的风险偏好，包括各种过度乐观或悲观，均会导致企业家的不同决策选择，进而影响企业的决策行为，带来市场中企业的各种不同的投资决策结果。满意是追逐最优的不完全或不成功的结果，没有办法事先以满意准则作为决策指导原则，否则很容易导致决策陷入无须或放弃尽善尽美的努力，甚至有可能导致陷入一切皆空的哲学思辨。

2.2.3　创业影响因素与创业决策的研究

"是否创业"以及"创什么业"等创业决策问题极其复杂，受若干因素影响，正如 Kuratko、Hornsby 和 Naffziger（1997）强调的，探究"是什么促使创业者创业"已经成为理解整个创业过程的关键因素。孙维（2016）认为，国内外的研究对于创业者群体的创业决策行为关注较少，尤其是产生决策行为的原因。叶映华、梁文倩（2016）也指出，现有研究中对于创业者在创业过程中的决策与思维知之甚少，对创业早期阶段创业动机的关注比较多（Baum、Locke，2004；Ryan、Deci，2000；Carsrud、Brännback，2011；Rindova、Barry、Ketchen，2009；Robichaud、McGraw、Roger，2001；Gilad、Levine，1986；曾照英、王重鸣，2009；何志聪，2004），而关注创业者决策的研究则太少。但事实上，创业者在创业早期阶段的决策是决定创业企业能否成功生存与发展并最终引领某个行业革命的重要因素。因此，越来越多的研究者把创业过程看成一个动态的发展过程，并重视创业早期阶段创业者心理和行为的分析，尤其是创业早期阶段创业者的决策逻辑及其影响因素。秦志华、赵婧、胡浪（2015）发现，已有研究所关注的风险感知、风险倾向、手段导向逻辑、经验认知等因素,都对创业决策具有重要影响。对于创业的看法大体可以分为两类观点:一种观点是以德鲁克为代表的,认为创业的本质是创新,是企业家精神。其中经典的定义是熊彼特(2007)提出的,他认为创业的过程就是创新的过程,创新者就是创业者,创业者通过创新使自由市场经济的内在矛盾得以克服,从而促使经济得以增长,因此创新就是创业(史达,2011)。后来的学者在此概念基础上进一步提出发展组织内的企业家精神和创新精神。另一种观点则认为,创业就是建立新的组织。公司创业有两个维度:以创建企业为目标的创新和战略重组。

创业行为之前的心理状态包括创业态度和创业倾向两个方面。李华晶、张玉利、王秀峰(2014)研究发现,创业者自律等伦理意识特征影响了创业机会的选择,较为自律的人在实现目标的过程中,会更愿意承担风险和更具有机会导向。Bird 等对创业行为研究做出了中肯的评价:行为受到认知和情感的影响,我们看到的只是行为表象,而看不到的行为原因(决策)往往更值得关注(杨俊,2014)。事实上,行为组合的依据是决策逻辑,研究决策过程和规律是探究有效行为进而产生学习效应的关键(Cyert 和 March,1963)。与一般管理活动相比,创业活动至少在以下方面表现出情境独特性:一是高度不确定性,具体反映为产品/服务市场反应、市场变动趋势、竞争对手反应等。事实上,决策是接收、解读和处理信息的过程,它会受到个体、环境和任务条件的影响,相同的决策方式在不同环境下会表现出不同的结果(Baron,2000),这是导致创业决策相关研究停滞不前的重要原因。二是创业者与管理者不同,往往具有更多的认知偏差或偏见。不过,这些偏差或偏见并非源自他们的个人特质,而是创业者所处的环境条件放大了这些偏差或偏见。此后,有学者重新基于认知与行为视角来研究创业问题(杨俊,2014)。

窦大海、罗瑾琏(2011)也认为,创业行为的产生受创业者的动机驱动。根据需求层次理论,构建了受经济需求激励和社会需求激励的二维动机模型;将创业动机研究的系统边界扩大到包括创业企业发展生命周期和创业者生命周期。梅

第 2 章 理论基础与文献综述

胜军与徐雅仙（2014）认为，目标定向、成就动机、自我效能感更能感知创业过程中出现的机会，而忽视风险威胁。这三者的差异对最终的决策结果也会产生重要的影响。杨俊、张玉利、刘依冉（2015）指出，创业认知不同于组织和管理认知，而前者更多地依赖启发式等存在大量偏见和偏差的认知过程。Baron 等认为，创业者较非创业者在风险偏好、创造性、成就欲望等人格心理特征方面不存在差异，但创业者和管理者，或者说成功创业者和一般创业者之间在思维方式和认知风格等方面却存在着明显差异（Baron、Ward，2004；Baron，2004，1998），这在很大程度上归结为创业者所面临的情境以高度不确定性（Knight，1921）、新奇性、高度资源约束、高度时间压力等为主要特征，这些环境特征在客观上会诱发创业者的认知偏见。刘志（2013）认为，创业意向是潜在创业者对从事创业活动与否的一种主观态度，是人们具有类似于创业者特质的程度以及人们对创业的态度、能力的一般描述。创业意向是创业行为的最好预测指标，是了解创业行为的中心点。我国创业者创业意向包括创业行为倾向、创业希求性和创业可行性三个一级维度。其中，创业希求性包括物质性、控制感、成就感、创新性四个二级维度，创业可行性包括能力、个性、经验、资源四个二级维度。创业倾向的形成过程也是主体对创业内外部相关信息要素的处理和决策过程。

正如 Kuratko、Hornsby 和 Naffziger（1997）强调的，探究"是什么促使创业者创业"已经成为理解整个创业过程的关键因素。段锦云、王朋、朱月龙（2012）认为，创业动机是驱动个体创业的心理倾向或动力，它是个体创业行为发生的有效预测变量。影响创业动机的因素，包括大五人格特质、自我效能感、目标和环境因素等。Baum 和 Locke（2004）认为，创业动机是创业者在追求成就的过程中，在头脑中形成的一种内部驱动力，有目标导向和自我效能感两个衡量指标。秦志华、赵婧、胡浪（2015）通过对 364 份样本的分析，发现已有研究所关注的风险感知、风险倾向、手段导向逻辑、经验认知等因素，都对创业决策具有重要影响。所谓手段导向逻辑的决策方式，是把创业活动中的风险感知与面对不确定性的应对手段结合起来，促进了创业决策研究。在他们看来，所谓创业决策，是指面对不确定性商业机会时为谋求超额收益而决定是否进行资源投入。在复杂多变的创业情境下，对创业决策起决定作用的因素，往往是创业者的心理特征与经验认知，特别是建立在经验认知基础上作为思考习惯发挥作用的直观判断。

对于创业者的外部因素，"一般性"研究强调来源于外部环境中的"创业机会"（张玉利、杨俊、戴燕丽，2012；段锦云、王朋、朱月龙，2012）的发现与评估等，以及创业政策因素（夏人青、罗志、敏严军，2012；叶映华，2011）的影响；而对家庭因素尤其是家庭期望的影响明显关注不够（Chua、Chrisman、Sharma，1999；Sharma、Chrisman、Chua，1997；李新春等，2015）。家庭一直是创业者开展创业活动的影响因素。如果家庭积极地看待创业活动，那么创业者将更可能创业。Djankov、Miguel、Qian、Roland 和 Zhurayskaya（2006）研究发现，家庭网络无论是对机会型还是生存型创业者来说，都具有积极的影响，但这种影响的积极效应对于机会型创业者来说要比对生存型创业者更加明显。Wagner（2005）的研究发现，机会型创业者比生存型创业者更可能拥有一种家庭角色模式。李新春、刘莉（2008）指出，创业研究目前已成为战略管理和组织行为研究的一个重要领域，尽管创业学者一直注重研究机会识别和新企业创立的过程，却很少关注到这个过程中家族的作用。文献资料表明，很多新企业的创办都有家族的参与或家族在财务和人力资源上的支持，数据统计则说明，大概有80%的创业企业体现了家族企业的特征。新创企业具有如此高程度的家族参与必有其原因，家族企业独特的裙带关系对创业的机会识别具有正向的影响。

2.2.4 生产性创业决策与非生产性创业决策

导致企业出现非法的、有违社会公德与商业道德的冒险活动的因素较多，如政治关联、竞争状况、需求成长、行业惯例、组织特征以及决策者的个体特征等都是重要的影响因素。连燕玲、周兵、刘俊良（2016）认为，当实际绩效低于分析师预测和行业期望水平时,随着业绩期望落差的扩大,实施合规性冒险变革和违规性冒险投机的程度随之增大。作为冒险决策,无论是合规性的冒险创新,还是违规性的冒险投机,都与企业自身的经营状态存在必然的依存关系。Baumol (1990) 的企业家理论明确地指出,企业家精神活动的供给者(社会各阶层)是非均衡的,既有生产性的、高效率的生产活动,也有非生产性的活动,如寻租,还有破坏性的企业家精神活动,如犯罪、非法经营。据估计,GNP 中的 10% 被用于非生产性活动 (Baumol, 1990)。组织自身的内部状态,以及企业所处的外部行业环境和制度环境的差异性,最终会影响到"业绩期望落差出现后"组织的冒险决策行为。外部环境的敌对性和宽容性(丰腴性)是影响组织行为决策的重要因素。随着环境敌对性程度的提高,企业在经营期望落差扩大时从事违规性的冒险投机行为的程度更高,而合规性的冒险变革行为将被弱化(连燕玲、周兵、刘俊良,2016)。相对于完善的制度环境,处于不完善制度环境下的企业在经营期望落差扩大时从事违规性的冒险投机行为的程度更强,而合规性的冒险变革行为将被弱化。

贺小刚、连燕玲、吕斐斐 (2016) 也认为,在期望落差及历史期望顺差的状态下,企业家将随着差距的增加而冒险地从事创新性活动、破坏性活动,但随着行业期望顺差的增加,冒险性行为则减少了。企业家在落差状态下的破坏性活动的边际效应高于顺境状态;行业期望落差状态下创新性活动的边际效应小于行业期望顺差状态,但这种创新活动的边际效应在历史期望状态下会增大;进一步地,他们指出,政治关联在期望差距与企业家风险决策偏好之间具有显著的调节作用,尤其在期望落差状态下,它更加遏制了企业家冒险从事创新性活动的动力,而诱使他们将资源配置到破坏性活动之中。企业决策者大都关注收入、利润等经济利益期望(连燕玲、周兵、贺小刚、温丹玮,2015;贺小刚、连燕玲、张远飞,2013),而对名誉、地位等非经济利益期望关注较少(何大安,2005)。李华晶、张玉利、王秀峰 (2014) 认为,积极的伦理意识,通常伴随对自我实现的高度关注,这有利于提升自我地位和获取收益回报,从而提升对新机会的感知。一项调查显示，创业者伦理行为水平较高时，会影响到创业者风险承担的水平。研究发现，创业者越关心他人的福利，越难以实施不道德的行为；反之，创业者越是以自我为中心，其行为缺少普遍伦理规范的约束，就越会在机会利用过程中，导致一些负面问题的发生，具体表现在谈判行为、对侵犯他人知识产权和隐私权的接受程度、社会责任性投资行为以及具体决策行为等方面。

与企业组织相比，家庭这个特殊组织的期望则很少为学者所关注（王菁、程博、孙元欣，2014；连燕玲等，2015），Zellweger、Nason（2008）认为，家庭成员同时追求经济利益期望与非经济利益期望，创业者势必要在这两者之间进行权衡（Frederick 等，2002；Prelec 和 Loewenstein，1991；刘洪志、江程铭、饶俪琳、李纾，2015）。综观前期的研究发现，多年来许多学者对于冒险决策行为的理解是比较简单的，即主要考虑到了积极的冒险策，如技术研发等创新活动，而很少基于 Baumol（1990）的企业家新学说构建理论框架，他认为企业家除了创新活动之外还可能冒险从事非生产性的、破坏性的活动。经济学者对企业家的这些非正式经济活动给予很大的关注，但他们主要是从制度环境角度，比如从法律与制度的完备性及其执行效率、金融市场的发达程度等角度研究企业家的冒险行为（Claessens，2002；La Porta Rafael、Lopez-de-Silanes、Shleifer，1998；Mishina、Dykes、Block，2010）。压力理论（Baucus，1994）、行为经济学（Mishina 等，2010）也对企业家为何冒险从事破坏性活动进行了比较深入的解释，但即使如此，有关企业家冒险决策的综合模型，即同时将企业家的创新性活动与破坏性活动纳入研究模型的分析并不多见，而对于创业者的生产性创业决策与非生产性创业决策的研究更为少见。

2.2.5 创业主体与创业教育的研究

对于创业主体而言，Fiet（2000）认为，创业教育很难激发学生开展创业行动，但 Souitaris、Zerbinati、Al-Laham（2007）认为，创业教育在整体上会提升创业者的创业倾向。田永坡和王鹤昕（2011）认为，创业教育、创业倾向、创业环境是影响大学生创业决策的三大因素。梅胜军与徐雅仙（2014）以杭州市创业者为例，发现目标定向、成就动机、自我效能感是三大影响因素。Katz（2007）指出，创业教育与随后的创业活动存在正相关，例如接受了创业教育的 MBA 毕业生比没接受过创业教育的 MBA 毕业生更可能创建新企业，且更可能取得成功。也就是说，增强相关群体的创业动机，属于针对内部因素的创业激励措施，这些措施对创业行为可能起到更为根本性的刺激作用。牛骅、李柞山（2014）和孙维（2016）指出，国内外的研究对于创业者群体的创业决策行为关注较少，尤其是产生决策行为的原因。田永坡、王鹤昕（2011）认为，创业教育对创业结果的影响主要是从创业教育效果评价角度展开的，集中表现为创业教育对创业倾向、创业态度、个人特质等主观因素的影响。从战略选择的视角看，拥有较高创业倾向的人主张创业的计划性和目的性，创业倾向的维度中应包含主要参与者在新企业创建过程中的意愿和行动（Ven 和 Poole，1995）。影响创业倾向的因素主要有以下几个：第一，家庭成员的职业背景。父母是企业家或者是私营企业主，其子女很有可能受到父母潜移默化的影响而从事创业活动，创业倾向更高。第二，个人对职业的偏好。Lee 和 Wong（2004）认为，职业锚中的稳定锚与创业倾向负相关，即在择业的过程中，越是倾向于追求安全和稳定的人，选择创业的可能性越小。管理锚对创业倾向有正面影响，即越是倾心于全面管理、掌握更大权力、负更大责任的人，越倾向于自主创业。第三，个人的冒险精神等性格特质。

Fiet（2000）认为，除非学生对创业更加自信，态度更加积极并能影响到他的行为，否则，即使创业教育的课程内容包括了最好的创业知识和创业技能，也不能保证学生能将创业付诸行动。但也有学者指出了他们对创业教育的担忧——创业教育可以改变参与学员的某些个人特质，比如对待风险的态度和行为方式等，但同时也会引起社会和个人难以预期或者不愿看到的结果。一些激进式的创业教育有可能引发负面的效果：使部分学员产生了对创业成功的过度渴望，为达目的不择手段，从事非法活动，这是社会绝对不愿看到的结果。创业教育的另一个负面作用是在创业成功的外部因素尚不具备时,接受过创业教育的学生可能更倾向于相信个人特质(内部控制源起主要作用)而冒险尝试创业,最终很可能导致失败(Baumol,1990)。创业行为可以视作一种计划性行为,而创业倾向则是创业行为的最直接、最有说服力的指示器。

李静薇(2013)认为,第一,创业者的创业意向越强,越有可能开始实际创业行为。第二,创业者参加创业教育越频繁,对创业教育内容越满意,越会提升其创业意向。第三,大学创业教育教学的课程设置对创业者创业意向具有显著的正向影响作用。对于不同职业价值观的创业者,大学创业教育的构成变量(学生态度因素和学校教学因素)对其创业意向产生影响的作用机制是不同的。从创业教育教学视角,分为学生态度因素和学校教学因素两个构念去考察其对创业者创业意向的影响作用,突破了以往大多数研究笼统地把创业教育作为一个单维构念的研究模式,为后续相关研究提供了思路。刘贵来、崔晓培(2013)认为,学生家长对创业者自主创业的认知程度,很大程度上决定着其对自主创业行为的支持态度。只有有效地提升家长对创业者自主创业及其帮扶政策的认知程度,才有可能获得更多家长对创业者自主创业的支持态度与行动。学生家长对创业者自主创业的认知程度,很大程度上决定着其对自主创业行为的支持态度。只有有效地提升家长对创业者自主创业及其帮扶政策的认知程度,才有可能获得更多家长对创业者自主创业的支持态度与行动。贺丹(2006)指出,家庭背景的优越程度与学生的创业态度呈现负相关,家庭条件越优越,学生的创业意向越低。但蒋雁(2008)在其研究中却提出了相反的结论,即家庭实力正向影响创业者的创业态度。陈美君(2009)、李慧(2010)也发现,父母创办过企业的创业者其创业意向明显高于其他创业者。

叶映华、梁文情(2016)认为,成功的创业者和新兴领域的初创业者更倾向于效果逻辑;而在相对确定的创业领域,初创业者比成功创业者更倾向于因果逻辑。虽然创业者在创造、创建和发展激情三个因子上得分均较高,但最终对其决策逻辑产生显著影响的是创造激情。表明其决策逻辑是基于经验的、受其创造

（创意）激情影响；同时也表明，创业者选择的创业类型对其创业决策的重要性。高校的创业教育应根据不同高校的人才培养目标和专业点，有针对性地开展创业教育，要让创业者的创业行为与自身的专业特长较好地结合，精细化地开展创业教育，而不是简单地鼓励创业者去"做生意"。创业的本质特点是创新，是一项有创造性的活动，如果我们的创业者创业主要以不具有创新性的网络销售为主，那么创业的创新性特质就值得担忧。刘贵来、崔晓培（2013）研究发现，学生家长对创业者自主创业的认知程度，很大程度上决定着其对自主创业行为的支持态度。只有有效地提升家长对创业者自主创业及其帮扶政策的认知程度，才有可能获得更多家长对创业者自主创业的支持态度与行动。

2.2.6 新创家庭企业成长的研究

绝大多数学者关注企业资源、竞争战略等对企业成长的影响，仅有部分学者关注类似家庭期望的精神性价值对新创企业成长的影响，如 Chua、Chrisman 和 Shaharma（1999）及李新春等（2013）认为，家庭意图就是对家庭愿景的追求，驱动家庭企业的成立与成长。Sharma 和 Manikutty（2005）以及 Kellermanns（2005）认为，家庭涉入影响企业的竞争优劣势，进而影响企业的成长。

李新春、刘莉（2008）发现，很多新企业的创办都有家族的参与或家族在财务和人力资源上的支持，数据统计则说明大概有 80% 的创业企业体现了家族企业的特征。新创企业具有如此高程度的家族参与必有其原因，家族企业独特的裙带关系对创业的机会识别具有正向的影响。尹志超、宋全云、吴雨、彭嫦燕（2015）指出，如果不以家庭作为研究主体就很难解释家庭自营工商业的存在和发展，我国整体创业动机仍较弱，目前我国仍处于由生存型创业向机会型创业过渡的阶段。代吉林、张支南、盛志鹏（2015）指出，适度的家族导向和创业导向及其有效耦合是家族企业成长的重要机制，组织学习能力则有助于家族导向和创业导向的耦合。陈士慧（2016）发现，平衡（联结灵活等）的家族关系有利于家庭沟通、形成共同目标、高效配置资源、完善家族治理，进而促进所在企业的创业导向；平衡型凝聚力可最大限度地促进家族企业创新，使其具有较高的适应力与较好的企业创新行为。而家族控制关键决策与创业导向具有显著负向关系，且良好的家族关系将削弱这一负向关系。潘安成（2011）认为，家族性是家族创业行为所独有的特性。具有亲情或血缘关系的家族创业者之间强调奉献和关爱的利他行为，形成家族创业行为的集体性创业智慧即家族性社会认知。

王玉坤、杜秀莲、杜秀芳（2015）发现，为他人决策比为自己决策更倾向于做出创业的选择，为自己决策更多地考虑创业的可行性因素，为他人决策更多地考虑创业的价值。人们对决策任务的表征方式受心理距离的影响，自我决策时心理距离较近，倾向于采取具体的表征方式，而为他人决策时心理距离较远，倾向于采取抽象的表征方式。周冰（2014）研究了心理距离对创业机会识别的影响，发现在时间距离、空间距离和社会距离较远的情境下，距离较近的情境更有利于进行创业机会的识别。对于具有较强风险特征的创业决策，尽管国家、政府以及学校一再鼓励创业者自主创业，但真正选择自主创业行为的人并不多，其原因不仅与政策环境等外部因素有关，而且这些因素是不容易控制与分析的，很可能是由于双方的心理距离较远所致。

李静薇（2013）认为"新企业失败率为什么高"这一问题，归纳起来，主要有三种原因。第一，新企业成长受到新进入缺陷的制约。第二，新企业成长受到青春期缺陷的制约。第三，新企业成长受到小企业缺陷的制约。"小企业缺陷"是与"新进入缺陷"密切相关的一个概念。新企业初期的生存或者失败在很大程度上取决于创业者的特征和行为，而非组织属性和战略。同时指出，与既有企业不同，新企业的决策和行动并非取决于组织结构、行为惯例等系统性因素，而在很大程度上取决于创业者个人，他甚至认为，新企业本质上是创业者特征的延续。逯东、万丽梅、杨丹（2015）指出，在政府主导资源配置的市场环境下，政治关联会破坏企业的持续成长。政治关联是导致创业板公司上市后业绩变脸的重要因素。政治关联的负面效应进一步表现为：①有政治关联的公司更可能进行盈余管理,盈余管理的不可持续性导致了上市后的业绩变脸;②政治关联抑制了公司的研发投资,削弱了公司上市后的研发创新能力。

2.2.7 总体性评述与研究趋势

众多学者关注了创业主体的"一般性"——创业者或企业家,而以创业者为"特殊性"的创业主体的研究偏少。"一般性"偏重于研究创业者的自身因素,如"创业特质"(Korunka,2003;刘向东,2011)、"创业能力"(Evans 和 Jovanovic,1989;贺小刚,2006;贺小刚、李新春,2005;尹志超等,2015;张焕勇,2007)、"创业动机"(Baum、Locke,2004;Ryan、Deci,2000;Carsrud、Brännback,2011;Rindova、Barry、Ketchen,2009;Robichaud、McGraw、Roger,2001;Gilad、Levine,1986;曾照英、王重鸣,2009;何志聪,2004)、"创业认知""创业导向"(Foo、Uy、Murnieks,2015;Barreto,2012;Blume、Covin,2011;Corbett,2007;Mitchell 等,2007;周小虎、姜凤,2014;赵文红、孙卫,2012)、风险感知(Laursen 和 Salter,2006;Comegys,1976;陈震红、董俊武,2007)、超自然信仰(陈震红,2014)等。

大多数学者忽视从价值观与期望等最为根本的人性诉求探索创业决策与企业成长。少部分企业行为学者关心期望对企业决策、资源开发、能力培育的影响(Sirmon 和 Hitt,2003;Chrisman、Chuaand Zahra,2003)。不过这些研究并没有真正地将"期望"作为决策"参照点"(Hart,2009;Hart、Moore,2008;Greve,2003)。另外,部分学者虽然开始运用企业行为理论、前景理论等对创业决策进行分析,但几乎都是关注生产性创业决策,很少关注期望差距将影响到家庭企业的非生产性创业决策(Barreto,2012)。而且,过往创业研究并没有强调创业者的主体特征,这与我国现阶段的国家创新战略以及鼓励创业者创业的政策倾向并不相称。

我们认为,创业者创业心理过程异常复杂,除学校的创业教育、政策环境等外在因素，家庭因素（尤其是家庭期望）对其影响不容忽视，家庭期望与期望差距是创业者创业决策的"参照点"。但家庭期望仍旧有许多问题待解决，比如：什么是家庭期望？家庭期望与期望差距何以成为创业者创业决策的参照点？其变化与运作机制是什么？如何测量与评估？家庭期望又是通过何种机制影响到组织能力的积累及最终的新创家庭企业成长的？等等。未来的研究应着重考量中国社会文化和历史特征（史达，2011；张玉利等，2012；杨俊，2013）下的家庭期望，通过研究家庭期望来打开创业决策黑箱。

第3章 理论分析

3.1 家庭期望的影响因素

3.1.1 时空情境的影响

空间情境是影响家庭期望的、潜在的或实际的所有空间因素。有关情境分析思路主要有两种（Richard、Murthi、Ismail，2007）：一是具体内容的研究，如经济环境、竞争环境、技术环境、政治环境、文化环境等；二是抽象的环境特征视角的研究，即环境的不确定性程度，如环境的动荡程度、复杂程度、竞争程度等。从表3.1中可以看出，学者们在研究不确定环境时，主要关注环境的动态性、复杂性和对立性三个维度。我们则认为，环境分析应是两种思路的结合，环境的不确定性是有具体内容的，或者说环境的具体内容存在不确定性，比如经济政策环境、政治法律环境、社会文化环境等的不确定性。

表 3.1 环境不确定性的维度

不确定环境的构成维度	主要研究者
差异性	Miller, 1983
动态性	Thompson, 1967；Duncan, 1972；Child, 1972；李自如、龚艳萍、唐峰, 2005
复杂性	Child, 1972；Dess 和 Beard, 1984；Minzberg, 1979；刘洪, 2007, 2008
对立性	Aldrich, 1979；Pfeffer 和 Salancik, 1978；Covin 和 Sleven, 1989；Zahra 和 Covin, 1995；Tan 和 Litschert, 1994
差异性、动态性、难预测性	Miller, 1983；Miller, 1987
动态性、复杂性、宽容性	Dess 和 Beard, 1984；Amit 和 Schoemaker, 1993；Boyd, 1990
动态性、竞争性	Jansen、Vanden Boseh 和 Volberda, 2005

注：根据相关资料整理。

环境动态性是指企业所面临的环境要素的变化速度、变化程度大小和变化的可预测性，这些环境要素变量包括企业面临的经济环境、政治法律环境、社会文化环境、技术环境等，他们共同构成了动态性的总体因素。感知信息过程是信息加工过程的第一步，在动态性较低的环境中，虽然家庭成员比较容易获得环境信息，信息准确度较高，环境相对稳定变化缓慢，但其中缺乏足够的市场机会，因而家庭成员的机会感知度较低，难以形成较高的决策预期。同时，由于环境变化平缓，缺少挑战性，也不容易形成比较高的家庭期望。有经验的家庭成员经常会收听收看各种时政信息，在信息获知过程中，慢慢地形成自己的兴趣、意愿。一旦形成期望，他又会对信息进行重点收集与分析，并进一步考察与强化期望，而在环境动态性较高时，由于信息变化速度较快、信息数量多、取得成本高、预测准确度低、发展趋势模糊，家庭成员能够形成比较高的信心和机会感知，进而形成比较高的家庭期望。同时，由于动态化的环境给家庭成员创造力的发挥提供了机会，家庭成员容易形成比较高的期望值。

环境的复杂性是指家庭成员所处环境利害关系的复杂程度，家庭企业各利益相关者对家庭企业经营决策与行为的反应程度（Plomin、Daniels，1987）。Dess 和 Beard（1984）认为，环境的复杂性受众多因素影响，如潜在竞争者的进入程度、消费者忠诚程度、关系网络度以及政府干预程度等。在新的环境与资源约束时代，受家庭企业影响的团体与个人，开始以自己的行动向企业争取和主张自己的权利，利益相关者在主张并追求自身合法利益的过程中，对创业者的经营决策带来前所未有的压力，创业者必须权衡各种利益并使之保持平衡。如果家庭企业的战略决策被企业内部某些力量、消费者或某些企业外部的组织持续不断地抵制或削弱，那么这一战略决策则很难成功通过和实施（刘东华、和金生，2011）。复杂的环境要求创业者不仅能够发现利益相关者可能给企业带来的风险和压力，同时又能有效管理利益相关各方的认知，争取赢得他们的支持。创业者可从结构复杂性、关系复杂性和行为复杂性上来对企业进行复杂性管理（刘洪，2007，2008）。

环境对立性是指家庭与家庭企业外部可控制资源的重要性和可获得性，是环境对组织生存与发展的支持程度，是资源的稀缺程度，以及对资源竞争的激烈程度。波特的"五力"模型（波特，1997）系统地分析了企业的竞争格局与利润来源，企业不可能也无法逃避竞争，唯有客观全面分析"五种竞争力量"，在竞争中寻求自身竞争优势，方能获取预期利润。企业资源的丰沛度、市场的占有率等指标，一方面反映了环境对立程度，另一方面也是对创业者的自控性、信心、创造力等的考验。

家庭与家庭企业情境客观存在，但创业者等家庭成员对其判断却是主观的，甚至是模糊的。"我们对于客观物质世界的总体面貌不感兴趣，只关心生物认为是'生存空间'的那些方面。因此，我们所谓的'环境'将依赖于生物的'需要''动机'或'目标'，依赖于生物的感知器官。"（西蒙，1989）。环境不确定性对于创业者来说，实质上是一种不确定性感知，既可能将环境理解为不确定性程度高，也可能理解为不确定程度低，而高低的判断就是对环境的动态性、复杂性和对立性的综合判断。不同的环境判断与感知，必然会影响家庭成员的期望，也会对其家庭支持与能力产生一定的影响。

在奈特（Knight，1921）看来，不确定情境给企业家提供了决定干什么以及如何去干的机会，给企业家提供了塑造与提升自信心、判断力的机会，提供了解读与防范风险与道德危害的机会，而在熊彼特（2007）眼中，企业家就是对现有平衡世界的"破坏者"，在不确定环境中，创业者能够改革和革新生产方式，能够实现其"企业家意志"。在环境不确定性情况下，创业者只有勇于创新，不断寻找新的机会，才可能从创新和创业的活动中赢得战略主动并获得收益。同时，家庭企业应避免两种极端的感知态度：一是低估环境的不确定性，导致企业无法利用高度不确定性提供的机会；二是高估企业环境的不确定性，导致放弃理性分析，而主要凭直觉进行战略决策，结果使企业陷入可能发生巨大损失的冒险陷阱中。事后看，很多成功创业者对环境的不确定性感知与一般企业家不同，他们往往在不确定环境中形成比较稳定的、比较高的家庭期望。

时间情境主要通过"时限"，即"时间限制"或"时间期限"，或者"时滞"即"时间滞后"对家庭期望产生影响。家庭是社会生活的基本单位，具有相当的稳定性、持久性和连续性。家庭作为一个群体担当着组织家庭成员分工合作、生产、消费、养育子女、赡养老人等各项重要功能。任何一个家庭，都有自己从建立、发展到解体和消亡的过程。从一对夫妻结婚建立家庭生养子女（家庭形成期）、子女长大就学（家庭成长期）、子女独立和事业发展到巅峰（家庭成熟期）、夫妻退休到夫妻终老而使家庭消灭（家庭衰老期），就是一个家庭的生命周期。

家庭生命周期概念最初是美国人类学学者 P. C. 格利克于 1947 年提出来的。家庭生命周期包含了人口变动的主要内容，从结婚、生育、抚养未成年子女，直到衰老和死亡，并且把这些人口学因素有机地综合在家庭的发展过程中进行考察，而不是把这些因素分割开来孤立地分析，从而使得对人口变动过程及其运动机制的研究更加系统、深入和全面。另外，家庭生命周期也反映了一个家庭从形成到解体呈循环运动的过程，其研究强调家庭随时间的各种变化，并解释家庭在不同时期的变迁,以说明家庭在不同发展阶段上的各种任务和需求。家庭生命周期的概念在社会学、人类学、心理学乃至与家庭有关的法学研究中都很有意义。例如,对家庭生命周期的分析,可以更好地解释家庭财产权、家庭与家庭成员的收入、妇女就业、家庭成员之间的关系、家庭耐用消费品的需求、处于不同家庭生命周期的人们心理状态的变化等。对于孩子的期望,家庭也表现出不同的特点。例如,小学初中阶段,一般期望孩子健康成长,学习不断进步。高中阶段,希望孩子能快点成熟起来,面对复杂的社会能够适应并生存,不学坏,学习能够自觉,成绩提高以考上好点的大学。显然,不同生命周期阶段的家庭存在着不同的社会、文化、经济状态,也有着不同的经济利益与非经济利益诉求与期望。

3.1.2 社会文化的影响

美国社会学家R.K.默顿的结构功能主义认为,应该注意分析社会文化事项对个人、社会群体所造成的客观后果。应裁定所分析的对象系统的性质与界限,因为对某个系统具有某种功能的事项,对另一系统就可能不具这样的功能。功能有正负之分,对群体的整合与内聚有贡献的是正功能,而推动群体破裂的是负功能。社会价值观确定了社会追求的目标,而社会规范界定了为达到目标可采用的手段。如果文化结构(目标)与社会结构(制度化手段)之间发生脱节,就会出现社会失范状态,导致越轨行为。家庭既是一经济系统,也是一社会系统。家庭这一社会系统为了保证自身的维持和存在,必须满足四种功能条件:①适应。确保家庭系统从环境中获得所需资源,并在系统内加以分配。②目标达成。制定家庭系统的目标和确定各目标的主次关系,并能调动资源和引导家庭成员去实现目标。③整合。使系统各部分协调为一个起作用的整体。④潜在模式维系。维持家庭共同价值观的基本模式,并使其在系统内保持制度化。

与西方文化比较,中国的家庭呈现出自己独有的特征。与西方社会相比较,中国社会是一个"典型的父系、随父居与父权的社会"。中国人的家庭结构是建立在伦常关系上的，许烺光把这一伦常关系看作是以父子关系为主轴展开的，所以在这种伦常关系中的人的行为都以父子关系为准则。为了维持这样一个以父子关系为主轴所展开的社会关系，就不能不发展出一种价值系统加以维系，这个价值系统就是儒家伦理。儒家伦理强调人际交往中的人伦，这个人伦是传统伦理思想对人情的规定。其外在形式是礼，内在心理是仁。孔子的所谓"克己复礼为仁"可以说是这种伦理的精辟概括。问题是，"仁"是一个很抽象的概念，欲使其得以实现，必须在现实生活中找到一个可以具体操作的途径和制度系统，因此儒家先哲们就提出了一个现代社会学意义上的角色系统，这一角色系统要求每一个家庭成员按照亲情体验法的规则针对不同的地位和身份进行体验，这一规则就是儒家伦理所提倡的"孝"。所以，金耀基才说，"我们认为，孔孟整个理想的道德世界落实到社会上来，便是一个以'孝'为基础的伦理世界。'孝'是中国文化的大传统和小传统的核心"，而这种"孝"在传统中国社会是一个以身份取向为特征的伦理规范。这就是孟子所说的"父子有亲、君臣有义、夫妇有别、长幼有序、朋友有义"。父母对子女抱有期望，子女通过努力达成父母的期望，则被认为是"孝"的表现之一。

中国传统社会的结构中最重要而特殊的是家族制度，中国的家是中国社会的中心。家庭成员深受家庭的影响。西方的文化里注重"个人"，主张个人的存在，强调个人的权利与独立的精神；个人的核心是自我，如果"我"没有问题，那么"我"的家庭、"我"的工作就没有问题。然而在中国，人们考虑问题的方式是典型的家庭取向，比较注重家庭，受家庭的影响，"如果我的家庭没有问题，那么我也没有问题"，家庭是个人不可分割的部分。美国学者吉尔伯特曾经说过："家庭和血缘关系有一切理由能构成研究现代中国社会结构的第一主题。"杨国枢先生则认为，中国人较之西方人，有更多家族取向、关系取向、权威取向和他人取向。中国传统社会里，"家"的过分发达，使得中国既没有产生西方那样的"个人主义"，也没有产生现代意义上的社会组织形态。在一个简单的、农业的、交通不发达的传统中国，家是一种建构化了的组织形式，整个社会的价值系统都经由这个家的"教化"和社会化作用传递给每一个人。中国人几乎所有活动都是在家庭之内完成的。在这样的家庭里，人们感到自己是一个大群体的一员，感到了互相照顾和安全，也感到了相互依存和限制。即使今天，家庭仍强有力地影响着个体生活的许多方面，决定了人们的职业选择和配偶选择，影响了人们与周围人的关系，也影响了人们对未来的态度。所以，在这里，人们的某些能力被发展了，而某些能力被压抑了。

家庭结构是家庭成员之间固定下来的互动模式。这个互动模式与家庭中的权力分配和家庭成员间亲疏远近有直接的关系。现代西方家庭与社会的主流文化相适应，比较强调民主平等的权力分配，在家里鼓励各个成员（包括儿童）自由表达自己的意见，注重全家一起协商，共同决定有关家庭的事项。在夫妻之间，也同样强调平等与合作。而在中国，一直重视家庭中的权力分配。程灏曾指出："家人之道，必有所尊严。而君长者，谓父母也。虽一家之小，无君长则孝敬衰，无君长则法度废。有严君而后家道正，家国之则也。"所以，"父慈子孝，兄友弟恭""夫妇有别，长幼有序"的家庭伦理，以儒家所倡导的"礼"的方式，在传统中国家庭中形成了严格的等级次序。亲子之间要依循上下长幼的等级关系，家庭多半由父母当权，重大事项多由父母做主决定，极少征求和听取子女的意见；对子女的学业、交友、穿着及行为更是多加控制。夫妻之间强调的则是功能各异，丈夫和父亲是一家之主，是家庭的支柱，对外要特别尊重父亲和丈夫的地位，做到"夫唱妇随"。

从家庭成员之间的亲疏远近来看，中国人的家庭界限与西方不同。西方的家庭，比较注重个人的存在，"我"的界限比较清楚，并且受严格的保护，跟他人的关系划分得比较清楚，包括对自己最亲近的人也是如此。这不仅包括躯体与躯体间的接触与距离，而且包括心理上的距离与界限。家庭内界限清晰的同时，鼓励各个成员向外发展各自的社会关系，不过分强调家庭整体的认同感。中国家庭中"我"的界限不是很清晰，也不太强调个人的独立性，而是强调全家的认同感，个体常与周围亲人的关系发生模糊的交叉与重叠，家人可以替你出主意，甚至替你做一些决定，你也可以替他们做一些打算。家人之间不太讲究自己的自由与权利，反而会随着家庭人际关系的背景有伸缩性地决定自己的行为。

西方人注重个人个体角色的扮演，成员之间相互独立，角色扮演的过程也较为弹性，可以看情况调整，没有什么固定不变的角色。在家庭关系中，以夫妻关系为主线，抚养模式是单向的，老人的赡养义务由社会完成，他们鼓励子女的独立，虽然他们也强调家庭的归属，但子女很容易从家庭中抽离出来，建立自己独立的生活。而中国人注重整体价值，个体消融于整体的关系之中。家庭不仅被看作实实在在的集合体，具有真实的价值，而且被看作是高于、重于、先于个人的东西，个体是微不足道的。任何个体只有在集体中、在关系中才能确定自我的价值，每个人要遵循他们各自该扮演的角色，个体依身份与角色而存在。每一个家庭成员总是力图适应他人，扮演好自己家庭一员的角色，与家庭和他人保持和谐关系。传统的中国家庭，家庭关系中是以亲子关系为主线的，虽然随着社会的发展，有的学者也认为夫妻关系已经取代亲子关系成为家庭中的主要关系，但从今天大多数中国人的家庭现实来看，亲子关系仍然在家庭中占有重要地位，尤其是随着独生子女政策的推行，在相当一部分中国家庭中，至少在相当长的一段时期内，亲子关系而不是夫妻关系仍是家庭中的主要关系。并且，中国家庭强调的是双向抚养模式，老年人的赡养义务由子女承担。为了不使这样的赡养链中断，中国人在家庭中特别强调了"孝"的概念，"百善孝为先""身体发肤受之父母""滴水之恩当以涌泉相报"，这些文化对中国家庭关系最大的影响就是：代际性的服从、报恩思想的出现和家庭责任的无限扩大。

西方的家庭强调"相爱"与"表达"，注重家庭成员之间的情感培养及成员真实地面对自己的情感，鼓励彼此公开表露个人的感觉、心情与意见，即使彼此意见不同，有不满或愤怒也没有问题。有什么高兴的事说出来，大家彼此分享；有什么不高兴或痛苦的事，也要说出来让人知道。对方好，要夸奖与赞美；不好，也要表达，说出你不满意的地方。亲子之间是这样，夫妻之间也是这样。肯尼斯顿就认为，在西方，人们在家庭中能够公开表达自己的感情，家庭是个人情感的中心。生活因而被分割成两个领域：一个以情感、支持、感觉、表达和家庭排他的爱为特征，另一个则以无人格、中性、认知、工作的成就实现为特征。而在中国，"情"与"礼"是相连的，这个"情"是"人情"，与人的"脸面"有关，与个体内心体验的"感情"不是一个概念。所以，中国的家庭很多时候不是"情感"的联结，而是"礼"的联结。中国人认为，一个人要适当地"压抑"自己的本能与欲望，这样才算成熟的人。因此，中国家庭轻感情，重义务，特别强调"和为贵"，要求家庭成员和睦、顺从、合群，视争吵、意见不合为丢脸的事。家庭成员之间有没有感情不是大问题，只要每个人安分守己，尽其责任，扮演应扮演的角色即可。中国家庭有一些隐性的规则，如影响家人"感情"的话不宜说，要掩饰、要保密，更不能在外人面前说，"子为父隐""父为子隐……家丑不可外扬"。有时，家庭成员之间还要保守一些秘密，不能告诉彼此。不但对家人感情不好的话不要说，就是一些表达正性感情的话，中国家庭也主张不要去表达，因为中国的"礼"强调"内敛"与"含蓄"。他们甚至认为，感情如果表达出来就有虚假和讨好的成分在内，会让他们感觉不舒服和不自在，过度的情感表达则是一件有害身体的事，如"动怒伤肾""发火伤肝"等。

随着社会变迁，特别是社会文化价值的演变，家庭期望与教育也表现出诸多不同特点。

第一，功利化思潮的影响，在育人的基本方向以及教育方法上存在多种误区。相当多的家长受物质化价值观的影响，对孩子的期望发生了偏差。因而，期望目标多为分数与排名，方法就是各种奥数班、兴趣班，具体表现就是替孩子做出选择、亲子交流总是以成绩排名为主题、经常以别人的成绩做语言暗示、表扬和批评全部围绕未来期望等。

第二，家庭教育、学校教育、社会教育错位。正是在功利社会目标的影响下，家庭期望与家庭教育等同学校期望与教育的现象日趋严重，家庭期望与教育不断弱化，并延续、替代学校教育。

第三，面对社会多元化意识形态的影响，家长的应对能力严重不足。如应对社会对孩子的多元资讯等负面影响，方法不多，效果不明显；亲子冲突加剧，过分隔膜的现象普遍存在；早恋、网瘾、学业困难等问题成为难题；离家出走，甚至自杀、团伙犯罪等极端事件时有发生。这些问题的存在，影响和限制了社会文化发展给家庭教育所带来的种种促进，也对新时期家庭教育功能的实现带来了负面影响。

因此说，从社会文化的视角改进当前的家庭期望环境已经刻不容缓。当代中国家庭社会文化建构的一个突出问题是如何在吸收西方先进文化与教育理念的同时，更好地融合优秀的传统家教文化，其根本任务是如何把社会主义核心价值观作为当代中国家庭教育文化的核心，真正落实到百姓的家庭教育行为中。把核心价值落实到家庭文化的建设当中，在全社会树立科学的教育观念，是扭转目前社会上不良教育观，改变包括具体家庭教育思路和方法在内的，普遍片面追求功利性成才目标的现实的关键环节，需要有更多的研究和探索。同时，还要探索如何在快速社会变革中准确定位家庭教育，建构起家庭、学校、社会三位一体的教育格局，进一步发挥家庭教育的基础性作用。

不同区域环境对家庭期望的影响主要取决于家庭所在区域的社会文化。据张强（2002）在2000~2001年对广东、福建、四川和云南四省的实地考察显示，福建和广东地区的企业有很大的相似性，独创型企业和兄弟联合创业多，且创业者多为男性；云南和四川的企业以夫妻联手创业和独创型企业为主。"地域文化"是历史形成的，如果历史上交通像今天这么发达，很多"地域文化"是没有的。比如说，一条长江，如果像今天有很多的桥、隧道、火车、飞机、汽车，来来往往很方便，就不会有江南、江北，因为以前来往一次很不方便，还要考虑到我们这个国家很长一段时间比较落后，文化就积淀下来了。另外，交通运输条件限制了人员和物质的交流。不同的地理环境，塑造了不同的家庭文化与家庭期望。区域家庭文化与家庭期望形成的第一个因素就是自然环境。人要靠自然环境生活，自然环境决定着人们的生活质量和状态。比如说，黄河流域的原始建筑，多半是半地穴式，而江南地区流行栏杆式的居所。很明显，气候的干湿起决定作用。江南名郡苏杭并称，经济与文化发达。但是地利优厚并不代表文化一定发达。比如，岭南籼米四季不缺，原始居民没有改良品种的必要；而长江中下游地区四季变化明显，人们必须改良品种，提高产量，才有充足粮食。这说明，自然条件优厚导致人们"不劳而获"，不利于文化的发展。不过，自然条件太恶劣也不利于文化的创造，比如沙漠。地域文化差异的第二个因素是地理条件的特殊。比如，古代燕齐地区的人们因为海市蜃楼而信仰神仙，扬州和周围地区因为处于运河中心，所以商业文化盛极一时。第三个因素是特定区域的人群有明显的区域意识，并与其他区域的人群形成竞争关系。在这种情况下产生的区域文化最具历史深度、广度和高度。典型的例子就是春秋战国时期各诸侯国文化的异彩纷呈。第四个因素是典范人物潜移默化的影响。比如安徽桐城，自古以文章出名，现今当地中学生文章水平也普遍很好。清代浙东一带重视史学，是因为黄宗羲的影响；徽州一带崇尚经学，那是因为戴震的影响。

3.1.3 家庭亲子关系的影响

由于关系一词本身内涵复杂且模糊，因此如何准确界定关系这个概念至关重要。从字面上看，关系意味着连接和联系。关系是指在一段不确定的时期内相互间名誉和信任的交换，双方通过这种交换来获得资源和信息，这种交换关系灵活但相对稳定。关系有助于获取社会网络资本并建立相关联系，便于开展商务活动，创造新的客户，发展商业伙伴以及作为重要的信息来源。家长与子女的关系远近、亲疏直接影响家庭期望的影响力度与方式。亲子关系是指父母子女关系。在法律上是指父母和子女之间的权利、义务关系。父母和子女是血缘最近的直系血亲，为家庭关系的重要组成部分。我国《婚姻法》（修正案）第二十一条规定："父母对子女有抚养教育的义务；父母不履行抚养义务时，未成年的或不能独立生活的子女，有要求父母付给抚养费的权利。"这一法规说明，抚养教育子女既是父母应尽的义务，又是子女应享的权利。我国《婚姻法》（修正案）第二十三条规定："父母有保护和教育未成年子女的权利和义务。在未成年子女对国家、集体或他人造成损害时，父母有承担民事责任的义务。"这一法条秉承了 1980 年《婚姻法》的立法宗旨，仅作了个别词语的修改，即将原文中"父母有赔偿经济损失的义务"改为"父母有承担民事责任的义务"。修改这一条款的目的是：加重了父母教育未成年子女的责任，拓宽了他们为未成年子女承担民事责任的范围，兼有亲权和监护的含义。

良好的亲子关系是家庭期望与家庭教育的基础，只有在关系和谐的状态下，孩子才会尊重父母，接受父母的引导与教育。父母要想更好地影响与教育孩子，需要与孩子建立良好的关系，需要学习有效的沟通方法。有效的沟通方法是一门艺术，是每一个为人父母的人都需要学习的。父母就像放风筝的人，让孩子去探索蓝天，但孩子腰间的细线紧紧联系着他们在地面上的亲人。世间的父母与孩子之间有各种各样的相处模式，也就形成了不同的亲子关系类型。

家庭期望教育是终身教育，也是对人影响最为深远的教育，但家庭期望的教育与引导质量取决于亲子关系的质量。依恋关系是亲子关系中非常重要的一个方面，是形成良好亲子关系的根本。对于儿童个人来讲，它不仅存在于儿童早期，而且会对人的一生发展产生重要意义，会对青少年、成年甚至老年期的心理状态产生深远影响。依恋理论最初由英国精神分析师约翰·鲍尔比提出，他试图理解婴儿与父母分离后所体验到的强烈苦恼。鲍尔比观察到，被分离的婴儿会以极端的方式（如哭喊、紧抓不放、疯狂地寻找）力图抵抗与父母的分离或靠近不见了的父母。中国人民公安大学教授、犯罪心理学专家李玫瑾对依恋关系的建立有深刻理解，她认为，人的心理发展有顺序性，未成年人的心理问题会滞后反应。任何生命都是过程，任何过程都有开始，生命发展是轨迹式的，人的命运取决于早期。人的成长大致有三个时期，即 1~6 岁、6~12 岁、12~18 岁。12~18 岁时，人已经进入青春期，其独立意识与逆反心态就决定了这一时期已经不是家庭教育的优势时期,所以,家教的最佳时期是 12 岁之前,即依恋期。在依恋期中,1~6 岁又最为关键。有个 5 岁孩子在回答"什么是爱"时说:"爱就是被搂着。"这个回答并不幼稚可笑,而是童年生命的呼唤。幼年时代最需要父母的陪伴,只有爱的陪伴,幼儿才会有安全感和幸福感,这对其一生的健康发展至关重要。明尼苏达大学少儿发育研究所的专家曾就依恋问题对 174 名孩子进行了长达 16 年的考察。他们首先考察了孩子们的家庭背景,诸如婴儿对父母依恋的模式,孩子的自主性,孩子的自我调节能力,其家庭的整体状况,以及母爱程度等。随后,他们又考察了这些孩子在学校中的表现,考察他们在学校环境中的适应程度,以及在数学、阅读能力、阅读理解、拼写等标准化考试中的成绩。结果得出的结论令人瞩目:在孩子智商一定的情况下,婴儿对父母依恋的模式与程度是孩子日后学术成就最明显的影响因素。

思想家卢梭有一句名言:人生而自由,却无时不在枷锁之中。这里的自由和枷锁体现了人在社会和世事中产生的关系状态,而这句话放在家庭之中,同样也适用于对亲子关系的描述。孩子作为父母感情的结晶而出生,父母希望孩子能够按照自己的意愿自由、快乐地成长,但每个人不仅是父母的孩子,同时也作为社会的产物而生存,受到来自他人、工作和社会种种规则的约束,而亲子关系让孩子明确自己的意愿,同样也能够理解他人的意愿。良好的亲子关系为孩子的自由翱翔插上翅膀,而不良的亲子关系也会成为孩子人生道路上难以卸除的枷锁。因此,亲子关系既是孩子成长的根基,也是家庭在不断发展过程中,每个家庭成员手中的一柄双刃剑。

在中国的人口政策与制度下,越来越多的中国家庭重视形成良好的亲子关系。北京家庭教育研究会曾对 100 多个家庭进行了一项调查,在对孩子关于"最希望父母关注你什么?"的调查中,占前三位的是"关注我的兴趣""关注我的心情""关注我的交往"。孩子的内心希望说明了两点:孩子情感成长有很大的缺口;父母可以在此大有作为。关注孩子的兴趣、心情等都需要父母投入大量的时间、耐心和热忱,只有这样才能获得孩子的依恋和信任,而亲密的依恋关系更是形成良好亲子关系的关键。亲情的长期缺失或情感忽视，使孩子无法感受到来自双亲的关爱，长期生活在情感的荒漠中，孩子的心里只会长满荆棘。好的亲子关系是父母与孩子互相理解和尊重。父母和孩子都会在生活中犯错、步调不一致的时候。当孩子出现行为上的错误或者与父母产生意见分歧时，父母首先要分析是否与孩子的身心特点有关，是否只是孩子阶段性的行为，而不是粗暴地打断、限制甚至恐吓孩子。好的亲子关系让孩子学会自爱，与父母一同成长。教育孩子如同培育幼苗，养育者要让幼苗深知：只有扎根沃土，他日才能枝繁叶茂。良好的亲子关系让孩子能够耐得住生活中的寂寞和烦恼，清楚地认知自己、提升自己，同时作为养育者的父母，也在这个过程中不断反思，不断界定自己与孩子的关系。一句谚语说得好：孩子还小时，给他们深根；等他们长大了，给他们翅膀。这正是良好的亲子关系状态。

关于亲子关系，可以探讨的内容纷繁复杂，但归根结底又很简单：父母不仅自己要成为一个好人，更要带领孩子成为一个理性而富有感情、有礼且有节的人。让孩子通过与父母之间的良好关系，感知、理解生活的艰辛与美好。好的关系不是溺爱而是尊重，不是依赖而是信赖，不是包办一切而是独立与合作。父母与孩子之间好的代际关系，是一种平等和谐的亲子关系，它需要父母拥有现代的教育观念、科学的教育方法、健康的心理和良好的生活方式。从教育的角度可以归结为一点，一切成功的教育都是和谐的教育。好的亲子关系的本质特征就是和谐。

与依恋关系相对的是逆反心理。逆反心理是复杂的、多层次的心理结构中的一个重要方面，是大量存在或者说是相当普遍地存在于当前创业者日常生活中的一种心理状态。从心理学的定义来看，逆反心理是一种比较稳定的对客观事物产生的与一般人对立、相反的情绪体验和行为倾向。或者说，逆反心理是主体接受某种客观刺激后没有按一般规律产生相应的心理反应，而是产生了与一般应产生的心理反应相反的异常心理状态。逆反心理对创业者思想、思维、情感、意志、品德、个性等方面的形成和发展，都可能产生消极的影响，如果任其自流，甚至会产生严重后果。因此，认真研究创业者逆反心理的形成及消除方法，对于我们进一步加强思想政治教育，促进创业者的健康成长是十分必要的。逆反心理的表现，其最大特点是对事物经常持否定态度并往往带极端消极抵触的情绪。它既可能是对某种事物的心理反应，也可能表现为对广泛事物的一般态度和情绪倾向。一般表现出盲目性、抵触性、放纵性、极端性、顽固性的特点。

创业者的逆反心理，尽管从表面上看来似乎完全是消极的、令人不快的，甚至是带有危险的，但处理得好，也可转化为潜在的积极因素。创业者的逆反心理如同其他心理发展一样，既可向恶性一端发展，也可向良性一端转化，关键在于我们如何引导、教育和影响他们。创业者的逆反心理也是对客观现实的一种反映，只不过是一种扭曲了的反映。这种反映的产生主要是来自两个方面的影响：其一是反映本身受主体主观认识因素影响是歪曲性的；其二是客观现实生活中存在的某些不合理现象。一般来说，由第一种情况所产生的逆反心理经教育和疏导较易于消除，但由第二种情况所引发的逆反心理靠单一的说服教育就较难奏效——因是客观存在，只能是说而不服，只有看到该种不合理现象被消除了，这时，这种逆反心理才能随之淡化或消除。所以，这种情况下逆反心理的消除，不仅要靠我们学校思想政治教育工作者的努力，而且有待于整个社会物质文明和精神文明程度的提高。由于独生子女政策的施行，给大部分家庭营造了良好的亲子关系提供的契机。尽管创业者摆脱了幼年、少年期的过分依恋，但对父母与家庭的亲近依然是情不自禁的。亲子关系的不同状态塑造了不同的家庭期望影响力度与方式。创业者除了谋求自己的社会与婚姻生活之外，宜与自己的父母建立起相互照顾、关心的关系。

3.2 家庭期望的维度

作为思想性动物,人具有前瞻能力与规划能力,Hoppe(1930)将期望定义为:"个人对未来成就期望或欲求的整体。"期望是指对未来的事物或人的前途有所希望和等待,期望有别于希望、欲望或者愿望。愿望暗指向着渴望的目标努力,而期望额外包含了对现实因素的估计。也就是说,期望隐含的预期行为是考虑到个人和环境因素最有可能发生的。它是一种对未发生事件的期待状态,指向未来,具有主观性、预期性。对期望的研究始于心理学界,心理学家早就指出人的期望会影响到决策判断(Hoppe,1930;Frank,1941;Lewin,1948)。西蒙继承了巴纳德的研究传统,将人的行为视为决策过程,并将人的决策过程类比为生物与"人工物",他们的决策过程与决策标准并不是根据理性的决策原则——最优标准而静态作出,而是以"某种期望水平"为参照点而动态进行,到达参照点即获得满意可停止搜索,未达到参照点则扩大搜索范围。"如果我们不把全部备选方案都检查一番,那就必须用某些准则去确定,是否找到了一个稳妥的或令人满意的方案。在决策过程中起这种作用的准则,心理学文献称之为欲望水平。我们已经发掘出苏格兰方言'寻求满意',用以表示设置欲望水平的问题求解过程和决策过程——搜索备选方案,直到发现一个符合欲望水平准则的满意方案,并选择该方案"(西蒙,1957)。作为参照点的期望水平不像最优决策的决策标准恒定不变,而是动态变化调整的,"对寻求满意式的程序来说,满意方案的存在性,多半取决于动态机制。它们以有关环境的信息为依据,按现实情况调整欲望水平"。在西蒙看来,"生物有足够的本领进行'寻求满意'"的适应,但它们一般并不'寻求最优'"(西蒙,1957)。

第 3 章 理论分析

作为管理学家,西蒙将有限理性与参照点理论引入到企业经营管理中,以此解释企业决策行为,并提出"管理就是决策"。在企业管理中,企业的各种解决方案都可以是一种基于参照点的满意决策,而且还是一种搜寻规则、调整策略。"满意化规定在哪些条件下开始搜寻,在哪些条件下停止搜寻,并且它能够把搜寻引导向出现失败的领域。业绩与目标的对比情况决定着搜寻。如果业绩低于目标,就会增加搜寻;如果业绩达到目标,就会减少搜寻。随着业绩的起落,搜寻也随之增减,形成了对业绩的反馈。"确定期望差距,也就是比较业绩与目标,是决策者的重要决策步骤。"决策者为一些重要指标设置了愿望水平,比如,企业的销售额和利润、博物馆的贡献与参观量、学校的招生与就业,然后根据这些愿望水平评估业绩。失败增加搜寻,成功减少搜寻。在纯满意化模型中,只要业绩低于目标,搜寻就会继续;一旦业绩超过目标,搜寻就会停止。"对纯满意化模型进行自然修改,就会使搜寻随业绩与目标的差距而变化,并且随着差距的增大,搜寻的变化有递减效应。而且,这种调整还是自我赞许式的,因为决策者会逐渐重视他们所得到的东西。如果销售额上升,市场份额下降,决策者就会把销售额当作适当的目标。如果海外市场回报很低,那么决策者就会主观地降低海外市场的重要性。

期望的大量应用研究出现在教育领域,主要围绕父母期望、教师期望与学生自我期望而展开,并且教育领域的期望主要集中在大学教育之前的教育阶段。Finn(1972)以期望网的形式来说明期望形成的复杂性,文化与个人特点是影响期望的主要因素。父母期望作为家庭因素的构成部分,对青少年自我概念有重要影响(Halle、Kurt 和 Costes,1997),Buck 和 Doris(1991)认为,父母期望是父母根据自己的经验、学识和思考,为孩子的将来做出的构想、规划和设计。国内学者对父母期望的理解大致可分为三类:第一,对概念的理解。部分学者认为,父母期望是父母依据日常生活中其与子女的互动经验以及对现有资源的认识,形成的对其子女的行为表现及未来发展的预测和评价(曾建章,1996;林俊莹,2001;宋保忠,2003;苏慧玲,2006;许玉芳,2008;张玉娇,2012)。第二，对类型的划分，部分学者认为，父母期望不仅包括学业期望、未来成就期望，还包括品行期望、人际关系期望和身心素质期望等（邱静娟，1993；杨用花，2002；侯世昌，2002；蔡添旺，2007；程琳，2010；金璐，2014）。第三，对作用的方式，温佩泽（2014）认为，父母期望是一种家庭过程变量，是动态的持续过程，并渗透到子女的认知、态度和情感等方面的发展。宋保忠等（2007）认为，父母期望是反映父母价值取向的家庭环境中的一项主观变量和心理定式，家庭期望与家庭教育的目标、方向直接相关，对子女行为动机起一定的作用；父母作为个体的重要他人，其期望作用不仅直接影响个体发展的结果，也通过影响个体的自我评价进而影响个体发展结果（刘宇鹏，2016）。

与父母期望的大量研究成果相比，家庭期望的研究成果则要少得多，现有的相关研究几乎没有给"家庭期望"下过严格、明确的定义，而以其外延，即家庭期望包括哪些方面的内容来体现研究者对该词的理解。李雪菲（2011）认为，家庭期望包括对孩子的品德期望、学习期望、身心期望、就业期望。潘国锋（2014）将家庭期望特指为家庭就业期望，认为家庭就业期望由对薪酬福利、工作地点、单位性质、专业对口、工作环境的期望五个维度共同构成。我们认为，家庭期望与父母期望并不完全一致，尽管来自父母的期望是家庭期望的核心与主要力量。家庭期望的力度与内容围绕着家庭权力与地位、家庭人际关系与人际地位的变化而变化。不同形式的亲子关系、不同家庭生命周期下的家庭期望有着明显的区别。比如，在大学之前的教育阶段，因为子女的非独立性与认知能力的限制，父母期望构成了家庭期望的主体。随着子女进入大学阶段，虽然创业者在经济方面依然要依赖于父母，但在思想、人格等方面已经具有了较为明显的独立性，其认知能力与水平也逐渐摆脱家庭与学校的束缚，具有较强的决策意识与决策能力。因此，家庭期望是一个包含家庭历史与时代特色的社会经济变量，

我们认为，家庭期望（Family Aspiration）是以家长为核心的家庭对其成员的经济与非经济利益的希望与要求（Zellweger、Nason，2008；贺小刚，2015，2016）。家庭首先是一个经济组织，承载着家庭成员对物质利益的需要的满足。

按照马斯洛需求层次论，五种需求可以分为两级，其中生理上的需求、安全上的需求和感情上的需求都属于低一级的需求，这些需求通过外部条件就可以满足；而尊重的需求和自我实现的需求是高级需求，它们是通过内部因素才能满足的，而且一个人对尊重和自我实现的需求是无止境的。生理需求，也称级别最低、最具优势的需求，如食物、水、空气、性欲、健康。未满足生理需求的特征：什么都不想，只想让自己活下去，思考能力、道德观明显变得脆弱。例如，当一个人极需要食物时，会不择手段地抢夺食物。人民在战乱时，是不会排队领面包的。安全需求，同样属于低级别的需求，其中包括人身安全、生活稳定以及免遭痛苦、威胁或疾病等。缺乏安全感的特征：感到自己因身边的事物受到威胁，觉得这世界是不公平或是危险的。认为一切事物都是危险的而变得紧张、彷徨不安，认为一切事物都是"恶"的。例如，一个孩子，在学校被同学欺负、受到老师不公平的对待，而开始变得不相信这社会，变得不敢表现自己、不敢拥有社交生活（因为他认为社交是危险的），而借此来保护自身安全。一个成人，工作不顺利，薪水微薄，养不起家人，而变得自暴自弃，每天利用喝酒、吸烟来寻找短暂的安逸感。

　　家庭也是个社会文化组织，在满足基本生理与安全需求的同时，家庭成员还有对高层次需求的欲求。感情需求：这一层次的需求包括两个方面的内容。一是友爱的需求，即人人都需求伙伴之间、同事之间的关系融洽或保持友谊和忠诚；人人都希望得到爱情，希望爱别人，也渴望接受别人的爱。二是归属的需求，即人都有一种归属于一个群体的感情，希望成为群体中的一员，并相互关心和照顾。感情上的需求比生理上的需求更细致，它和一个人的生理特性、经历、教育、宗教信仰都有关系。尊重的需求：人人都希望自己有稳定的社会地位，要求个人的能力和成就得到社会的承认。尊重的需求又可分为内部尊重和外部尊重。内部尊重是指一个人希望在各种不同情境中有实力、能胜任、充满信心、能独立自主。总之，内部尊重就是人的自尊。外部尊重是指一个人希望有地位、有威信，受到别人的尊重、信赖和高度评价。马斯洛认为，尊重需求得到满足，能使人对自己充满信心，对社会满腔热情，体验到自己活着的用处和价值。自我实现的需求：这是最高层次的需求，它是指实现个人理想、抱负，发挥个人的能力到最大程度，完成与自己的能力相称的一切事情的需求。也就是说，人必须干称职的工作，这样才会使他们感到最大的快乐。马斯洛提出，为满足自我实现需求所采取的途径是因人而异的。自我实现的需求是在努力实现自己的潜力，使自己越来越成为自己所期望的人。

一个家庭的需求层次结构，是同这个国家的经济发展水平、科技发展水平、文化和人民受教育的程度直接相关的。在发展中国家，生理需求和安全需求占主导的人数比例较大，而高级需求占主导的人数比例较小；在发达国家，则刚好相反。马克思发现了人类历史的发展规律，即历来为繁芜丛杂的意识形态所掩盖着的一个简单事实：人们首先必须吃、喝、住、穿，然后才能从事政治、科学、艺术、宗教等；所以，直接的物质生活资料的生产，在一个民族或一个时代的一定的经济发展阶段便构成基础，人们的国家设施、法的观点、艺术乃至宗教观念就是从这个基础上发展起来的，因而，也必须由这个基础来解释，而不是像过去那样恰好相反。"需求"在马克思、恩格斯所创立的唯物史观中占有重要位置，唯物史观本质上是为人们从根本和总体上分析时代发展状况、社会历史发展状况提供一个框架。他们所创立的新的历史观是从现实的个人出发的。这个现实的个人是有生命的个人，即具有肉体组织需求的个人，这样的个人要"生活"，就要满足个人的肉体组织"需求"，这讲的是"需要方"；而要满足个人的肉体组织的衣食住行或吃喝住穿的需求，即人要活下去，与动物不同，就必须进行物质生产。社会主要矛盾在根本或本质上，讲的就是需求和供给之间的矛盾关系，就是围绕需求和供给之间的矛盾关系来确定的。

1981年，党的十一届六中全会指出，在现阶段，我国社会的主要矛盾是人民日益增长的物质文化需要同落后的社会生产之间的矛盾。这个主要矛盾，贯穿我国社会主义初级阶段的整个过程和社会生活的各个方面，决定了我们的根本任务是集中力量发展社会生产力。只有牢牢抓住这个主要矛盾，才能清醒地观察和把握社会矛盾的全局，有效地促进各种社会矛盾的解决。这里，"人民日益增长的物质文化需要"讲的是需要方，"落后的社会生产"讲的是供给方。人民的需要状况从"需要方面"反映整个时代发展、社会发展状况，落后的社会生产从"供给方面"体现着时代发展、社会发展状况，这种"需要和供给之间的关系状况"也反映着整个时代发展、社会发展状况。

党的十八大以来，人民群众的物质生活水平得到很大提高，人民的衣食住行或吃喝住穿发生了很大变化，人均收入得到了很大提升；人民群众的文化需要也得到了很大改善。到 2020 年，我国要全面建成小康社会。不仅如此，当前，人民群众对经济、政治、文化、社会、生态等方面的需要拓展了、拓宽了，人民的需求在质量上也升级了。这集中体现为人民对美好生活的向往。党的十九大报告明确指出，中国特色社会主义进入新时代，我国社会主要矛盾已经转化为人民日益增长的美好生活需要和不平衡不充分的发展之间的矛盾。从宏观来看，我国的经济、政治、文化、社会、生态等各个领域，归根结底，是要解决人民的需要与供给之间的矛盾。在社会领域，我们所讲的保障和改善民生，就是满足人民群众的民生诉求。从中观来看，各个地区、各个部门、各个单位、各个组织所做的一切工作，都是为了满足人民群众的需要、满足社会的需要。随着中国现代化事业的深化，人们也向往更美好的生活。让广大人民群众共享改革发展成果，本质上应使大多数人的生活不断进步、更为美好。这要求合理分配空间和资源。在物资匮乏的年代，美好生活表现为对物质财富做加法。现今，物质大为丰富，人们向往的美好生活，更多的是机会公平、分配公平，渴望解决教育、医疗、养老、住房等民生问题，希冀消除区域、城乡发展的不平衡产生的个体优劣差别，消除人们地位阶层的隔阂。

Gomez - Mejia 等根据 SEW 的来源，将其划分为情感、文化价值观和利他精神三个维度。

首先，家庭企业是家庭的一个延伸，是对家庭历史与文化的一个传承，从出生开始家庭成员就生活在一起，彼此之间形成了稳定而相互依赖的情感，家庭成员的身份和家庭企业紧密相连。家庭企业不光解决了家庭成员的收入问题，也解决了工作问题与情感问题（Gomez – Mejia、Hoskisson、Makri、Sirmon、Campbell，2011；Gomez – Mejia、Makri、Kintana，2010；Gomez – Mejia、Wiseman、Does，2007；Gomez – Mejia、Haynes、Núñez – Nickel、Jacobson、Moyano – Fuentes，2007；Gomez – Mejia、Larraza – Kintana、Makri，2003）。家庭成员一般拥有一定的股份，即使没有股份他们也不会轻易离开企业。这与非家庭企业员工不同，他们可以自由表达自身的财务诉求并自由处置他们的股份，甚至可以自由决定是否离开企业。

其次，家庭的家风与文化价值观通过家庭企业得以延续。家庭企业组织与家庭组织一样都具有自己的价值理念，两者是紧密联系的，家庭组织的传统、习惯等会自然延伸到企业组织中，家庭成员希望将家庭独特的价值观与文化作为企业价值观与企业文化。尤其是家庭企业创始人，更希望将自己的权威意志与人生价值根植于企业中。不仅在创业时期，而且在随后的一个阶段内，这些价值观和所有者的经营动机仍然是跨代传承的强大的文化驱动。

最后，利他主义一般只在家庭中存在，因为家庭义务的履行更多的是基于血缘关系而不是竞争关系。与满足自身利益为主的功利主义不同，利他主义常常为企业视为有效的、"高大上"的行动指南。在面临利益冲突时，无论是眼前还是长远、局部还是整体，家庭成员常常会从企业大局出发权衡利弊，会选择在短期自损个人利益，这使得家庭成员的机会主义行为大大减少，从而为家庭或其他利益相关者带来了福利。

Berrone 在 Gomez – Mejia 的三维度基础上将 SEW 重新划分为五个维度，以进一步丰富 SEW 内容体系（Berrone、Cruz、Gomez – Mejia，2012）。

第一，家庭控制与影响维度。家庭组织多强调家长权威，家庭企业的组织结构设置多为集权式，强调对家庭企业的控制权，强调企业主对家庭企业的影响力。即使这样的组织结构配置可能会对企业绩效产生负面影响。家庭成员是否拥有控制权与决策权是区分家庭企业与非家庭企业的一个重要标志。这种控制可以是实际控制也可以是名义控制，在决策角色上既可以是董事长，也可以是 CEO。拥有控制权才拥有决策权，才可以施加影响力，控制与影响是一个整体，并且家庭成员都高度渴望得到家庭控制权与家庭影响力。

第二，认同维度。家庭成员具有一种归属与依赖心理，表现为对家庭企业的认同。认同家庭企业，其实就是对家庭的认同，也是对自身的认同。家庭成员会自觉地维护家庭的名声与地位，自觉地约束自己的言行，将家庭企业的价值观与规章制度作为自己的决策原则。

第三，社会关系维度。家庭是基本的社会单位，家庭成员以家庭为单位开展各种社会活动，家庭成员在企业内部所产生的密切关系，逐渐会扩展到家庭之外。家庭企业更乐于加强与社区的关系，赞助社团活动，做良好的社会公民。他们这样做或出于利他目的，或希望享受到被认可的感觉，或两者兼而有之。

第四，情感依恋维度。家庭的血缘与地缘关系，塑造并扩大了家庭成员之间的情感。事实上，许多学者认为源自家庭参与的情感因素和商业因素的交织是家庭企业的独特属性。由于在家庭企业内，家庭和企业之间的界限是模糊的，家庭情感渗透到组织内部，影响家庭企业的决策过程。同时，这一维度对于理解在某些情况下家庭成员的利他主义行为十分有用。

第五，跨代传承的意愿。企业主常常会思考家庭企业如何"基业长青"，家庭企业一般会将家族的姓氏融入企业之中，这使得家族企业被看作家族自身的延伸。企业主会将企业视为一项长期投资，以传承给家庭后代。即便在其事业鼎盛时期也会思考家庭企业传承问题，最希望看到是自己的子女扛起企业的帅旗。

Miller 等则将 SEW 分为约束型（Restricted）和延伸型（Extended）两类：约束型属于短期的非经济利益导向，强调控制权与影响力，会导致企业资源过分集中，不能集合利益相关者资源，导致战略保守和创新不足，最终损害企业绩效和家庭长期的 SEW；延伸型 SEW 则属于长期的非经济利益导向，强调家庭利益和利益相关者利益达到平衡与兼顾，重视维护家庭声誉与地位，致力于维护家庭企业与利益相关者的长久关系，会促进企业对成长、家庭和企业的声誉做投资，让家庭、企业与利益相关者共同获益（Miller、Le Breton-Miller、Lester，2013）。关于 SEW 各维度优先级问题，Miller 从企业生命周期角度认为，在家庭企业生命周期的不同阶段，家庭企业主与高级管理者对 SEW 各个维度有不同的优先级判断。在企业创始期，企业面临很大的生存风险，创始人热情有余但经验不足，企业自身实力薄弱，市场刚刚开拓不稳定，还没有一定的信誉，资金压力大等。因此，在此阶段的重点是维持企业生存，在不损害家庭社会情感利益的前提下，他们更倾向于实行短期的、以家庭为中心的策略。在企业进入成长期后，企业主与家庭成员之间的情感与依恋得到强化，会着重考虑家庭成员的感受并都愿意为企业的发展而努力。

追求经济利益是人之行为的最大、最强动力，经济利益也是国家与地区的前进动力。如果家庭不能为其成员提供基本的生理需要与安全需要，那么这样的家庭也就不具备承载社会运行的基本经济功能。家庭尤其是家长希望家庭成员通过参与社会分工与社会交换获取经济利益，以满足家庭的经济需要。如果这些基本的、低层次的需要（除性以外）任何一项得不到满足，家庭的基本功能就无法正常发挥，家庭的结构也就趋于紊乱甚至会解散。追求非经济利益期望，是人之行为最好的动力。如果家庭不能够满足家庭成员高层次的需要，家庭社会文化功能就得不到发挥，家庭文化传承与家庭荣耀就会受到限制。

3.3 家庭期望与创业决策

期望应用在企业管理领域有两个方面，一方面是作为决策的期望，另一方面是作为管理手段或管理动力的期望。作为决策的期望，始于西蒙，Simon（1955）认为，管理就是决策，决策以"满意"为原则，"满意"即指"某种期望水平"

（Powell、Lovallo、Fox，2011）。"这一趋势对决策者来说具有重要的意义。一个杯子是半空还是半满，这取决于决策者的愿望水平和经历。经历是重要的，因为愿望水平足够好和不够好的分界线是不稳定的，尤其是个体会调整自己的愿望（目标）以反映他们的经历"（西蒙，1989）。期望水平（Aspiration Level）是企业想要达到的目标，对企业的战略决策极为重要。受有限理性的影响，决策者更倾向于追求"满意"的方案而不是"最优"的方案，因而，经营期望在企业决策中发挥着重要的作用。在企业管理中，企业的各种解决方案都可以是一种基于参照点的满意决策而且还是一种搜寻规则、调整策略。"满意化规定在哪些条件下开始搜寻，在哪些条件下停止搜寻，并且它能够把搜寻引导向出现失败的领域。业绩与目标的对比情况决定着搜寻。如果业绩低于目标，就会增加搜寻；如果业绩达到目标，就会减少搜寻。随着业绩的起落，搜寻也随之增减，形成了对业绩的反馈。"确定期望差距，也就是比较业绩与目标，是决策者的重要决策步骤。"决策者为一些重要指标设置了愿望水平，比如，企业的销售额和利润、博物馆的贡献与参观量、学校的招生与就业，然后根据这些愿望水平评估业绩。失败增加搜寻，成功减少搜寻。在纯满意化模型中，只要业绩低于目标，搜寻就会继续；一旦业绩超过目标，搜寻就会停止。"对纯满意化模型进行自然修改，就会使搜寻随业绩与目标的差距而变化，并且随着差距的增大，搜寻的变化有递减效应。而且，这种调整还是自我赞许式的，因为决策者会逐渐重视他们所得到的东西。如果销售额上升，市场份额下降，决策者就会把销售额当作适当的目标。如果海外市场回报很低，那么决策者就会主观地降低海外市场的重要性。

在西蒙理论的基础上，卡尼曼（Kahneman）和特维尔斯基（Tversky）的前景理论（Kahneman等，1979）认为，通过比较组织的实际绩效与期望绩效可形成"获益"和"损失"两种状态，这两种不同的决策状态会影响企业后续行为进而影响企业绩效。当企业实际绩效低于目标期望水平时，决策者认为企业面临失败的威胁，将低于目标期望水平的状况认定为企业的"损失"，通过战略调整等冒险行为使经营业绩达到期望水平；反之，实际绩效达到或高于期望水平是对过去经营决策的一种肯定，决策者容易满足这种"收益"状态从而减少冒险性行为以使企业稳健发展。卡尼曼、特维尔斯基等行为经济学者通过大量的心理学实验证实了当人们面对不确定的复杂情境时，存在着通过简约法则，运用启发式策略走"认知捷径"的倾向，但是他们重点关注的是这一认知倾向如何系统化地偏离理性决策范式，产生"谬误"，却没有揭示简捷启发式等非理性行为产生的内在认知机制，没有阐释它们积极的生态学意义。前景理论假设，风险决策过程包括编辑与评价两个阶段。在编辑阶段，决策者主要对信息进行编码、化简、归并等加工处理。在编辑的基础上，决策者依据价值函数、权重函数赋予选项不同的效用值，最终选取最大期望效用值做出决策。在完成编辑信息的基础上，进入决策的第二个阶段——评价阶段。在前景理论中，实际的行为选择取决于前景的总值大小，前景的总值由价值和决策权重来刻画。这里的价值是人们主观上对结果变化的评价值，结果是相对一个参考点定义的，这一点也就作为价值函数的零标度，以此测度人们在主观上对背离该点的收入和损失值的评价。卡尼曼和特维尔斯基通过严格的行为实验，发现并不能用完全的理性来解释人们实际的行为，人们在决策中存在非理性的行为，因此，要考虑到心理因素对行为决策的影响。实际上，人们的行为选择是受理性和心理因素共同作用的结果，他们的成果得到了现代心理学的认同。

根据心理学研究成果，人的行为是受动机驱动的，创业者决策受创业动机驱动。窦大海、罗瑾琏（2011）认为，创业行为的产生受创业者的动机驱动，并根据需求层次理论，构建了受经济需要激励和社会需要激励的二维动机模型；将创业动机研究的系统边界扩大到包括创业企业发展生命周期和创业者生命周期。梅胜军与徐雅仙（2014）认为，目标定向、成就动机、自我效能感更能感知创业过程中出现的机会，而忽视风险威胁。这三者的差异对最终的决策结果也会产生重要的影响。刘志（2013）认为，创业意向是潜在创业者对从事创业活动与否的一种主观态度，是人们具有类似于创业者特质的程度以及人们对创业的态度、能力的一般描述。创业意向是创业行为的最好预测指标，是了解创业行为的中心点。

我国创业者创业意向包括创业行为倾向、创业希求性和创业可行性三个一级维度。其中，创业希求性包括物质性、控制感、成就感、创新性四个二级维度，创业可行性包括能力、个性、经验、资源四个二级维度。创业倾向的形成过程也是主体对创业内外部相关信息要素的处理和决策过程。段锦云、王朋、朱月龙（2012）认为，创业动机是驱动个体创业的心理倾向或动力，它是个体创业行为发生的有效预测变量。影响创业动机的因素，包括大五人格特质、自我效能感、目标和环境因素等。Baum 和 Locke（2004）认为，创业动机是创业者在追求成就的过程中，在头脑中形成的一种内部驱动力，有目标导向和自我效能感两个衡量指标。

创业研究目前已成为战略管理和组织行为研究的一个重要领域，尽管创业学者一直注重研究机会识别和新企业创立的过程，却很少关注到这个过程中家庭与家族的作用。现有的动机类研究，对家庭因素尤其是家庭期望的影响明显关注不够（Lee、Chua 和 Chen，2004；Lant，1992；Milliken、Theresa，1991；贺小刚、连燕玲、吕斐斐，2016；朱沆、叶琴雪、李新春，2012）。Djankov、Miguel、Qian、Roland 和 Zhurayskaya（2006）研究发现，家庭网络无论是对机会型还是生存型创业者来说，都具有积极的影响，但这种影响的积极效应对于机会型创业者来说要比对生存型创业者更加明显。Wagner（2005）的研究发现，机会型创业者比生存型创业者更可能拥有一种家庭角色模式。文献资料表明很多新企业的创办都有家族的参与或家族在财务和人力资源上的支持，数据统计则说明大概有80%的创业企业体现了家族企业的特征。新创企业具有如此高程度的家族参与必有其原因，家族企业独特的裙带关系对创业的机会识别具有正向的影响。Lee、Chua 和 Chen（2004）指出，如果家庭积极地看待创业活动，那么创业者将更可能创业。

追求经济利益常常是家庭及其成员经济行为最直接、最有效的动机。家庭对经济利益的追求既与家庭成员个人需要层次有关，也与家庭生命周期、地区经济发展水平、国家经济环境等有关。若一国处于稳定的经济发展阶段、地区经济发展水平较高，家庭经济收入稳定，那么家庭成员极有可能选择非创业的形式获取经济利益。与一般的经济项目与经济决策相比，创业项目与创业决策具有时间周期长、风险隐蔽、盈利周期长等特点，因而若对经济利益有迫切的需要，家庭成员就会选择短平快的经济项目，不利于其做出创业选择。

对于非经济利益期望，社会情感财富理论有着比较系统的理论阐述。Gomez–Mejia 等根据 SEW 的来源，将其划分为情感、文化价值观和利他精神三个维度。

在家长制权威下，家庭成员行动出于家庭整体利益考虑，以家庭成员为主要骨干的家庭企业的组织结构设置多为集权式，强调对家庭企业的控制权，强调企业主对家庭企业的影响力，即使这样的组织结构配置可能会对企业绩效产生负面影响。家庭成员是否拥有控制权与决策权是区分家庭企业与非家庭企业的一个重要标志。这种控制可以是实际控制，也可以是名义控制，在决策角色上既可以是董事长，也可以是 CEO。拥有控制权才拥有决策权，才可以施加影响力，控制与影响是一个整体，并且家庭成员都高度渴望得到家庭控制权与家庭影响力。因而家庭对权力、对控制的期望与要求，是服务于家庭制度与家庭企业职能的。从认同角度看，没有对家庭的认同就不会有归属感，也不会形成稳定的自我价值。认同家庭企业，其实就是对家庭的认同，也是对自身的认同。家庭成员会自觉地维护家庭的名声与地位，自觉地约束自己的言行，将家庭企业的价值观与规章制度作为自己的决策原则。从社会关系视角看，家庭成员的社会交往并不仅仅代表其自身，其交往身份包含家庭印象与印记。家庭成员以家庭为单位开展各种社会活动，家庭成员在企业内部所形成的密切关系，逐渐扩展到家庭之外。家庭企业更乐于加强与社区的关系，赞助社团活动，做良好的社会公民。他们这样做或出于利他目的，或希望享受到被认可的感觉，或两者兼而有之。家庭的血缘与地缘关系，塑造并扩大了家庭成员之间的情感。事实上，许多学者认为源自家庭参与的情感因素和商业因素的交织是家庭企业的独特属性。由于在家庭企业内，家庭和企业之间的界限是模糊的，家庭情感渗透到组织内部，影响家庭企业的决策过程。同时，这一维度对于理解在某些情况下家庭成员的利他主义行为十分有用。

另外。企业主常常会思考家庭企业如何"基业长青",家庭企业一般会将家族的姓氏融入企业之中,这使得家族企业被看作家族自身的延伸。企业主会将企业、公司视为一项长期投资,以传承给家庭后代。即便在其事业鼎盛时期也会思考家庭企业传承问题,最希望看到是自己的子女扛起企业的帅旗。

3.4 家庭期望与生产性创业决策、非生产性创业决策

由于创业活动普遍面临很大的环境不确定性、需要投入较多的创业资源,因而在某种程度上,可以将创业视为风险度极高的投资活动。综观前期的研究发现,多年来许多学者对于类似创业的冒险决策行为的理解是比较简单的,即主要考虑到了积极的冒险行为,如技术研发等创新活动,而很少基于 Baumol(1990)的企业家学说构建理论框架,他认为企业家除了创新活动之外还可能冒险从事非生产性的、破坏性的活动。经济学者对企业家的这些非正式经济活动给予很大的关注,但他们主要是从制度环境角度,比如从法律与制度的完备性及其执行效率、金融市场的发达程度等角度研究企业家的冒险行为(Claessens,2002)。压力理论(Baucus,1994)、行为经济学(Mishina 等,2010)也对企业家为何冒险从事破坏性活动进行了比较深入的解释,但即使如此,有关企业家冒险决策的综合模型,即同时将企业家的创新性活动与破坏性活动纳入研究模型的分析并不多见(Mishina、Dykes、Block,2010;Claessens、Luc,2002;La Porta Rafael、Lopez – de – Silanes、Shleifer,1998;Bromiley,1991;Fiegenbaum,1990;Miller,1990;Singh,1986),而对于创业者的生产性创业决策与非生产性创业决策的研究更为少见。导致企业出现非法的、有违社会公德与商业道德的冒险活动的因素较多,如政治关联、竞争状况、需求成长、行业惯例、组织特征以及决策者的个

体特征等都是重要的影响因素。连燕玲、周兵、刘俊良（2016）认为，当实际绩效低于分析师预测和行业期望水平时，随着业绩期望落差的扩大，实施合规性冒险变革和违规性冒险投机的程度随之增大。作为冒险决策，无论是合规性的冒险创新，还是违规性的冒险投机都与企业自身的经营状态存在必然的依存关系（Bolton，1993；March，1988；March、Shapira，1987；Nelson、Winter，1982）。Baumol（1990）的企业家理论明确地指出，企业家精神活动的供给者在社会各阶层中是非均衡的，既有生产性的、高效率的生产活动，也有非生产性的活动（如寻租），还有破坏性的企业家精神活动（如犯罪、非法经营）。据估计，GNP中的10%被用于非生产性活动（Baumol，1990）。不可否认的是，创新创业是一个背景依赖型的社会过程（Low和Abrahamson，1997）。但非常遗憾的是，目前对于这一领域的绝大多数研究，基本上忽视了社会和文化因素在其中的重要作用（Aldrich和Wiedenmayer，1993；Reynolds，1992），而对于文化创新研究的逐渐重视，使这种情况开始有所改观。

组织自身的内部状态，以及企业所处的外部行业环境和制度环境的差异性，最终会影响到业绩期望落差出现后组织的冒险决策行为。外部环境的敌对性和宽容性（丰腴性）是影响组织行为决策的重要因素。随着环境敌对性程度的提高，企业在经营期望落差扩大时从事违规性的冒险投机行为的程度更高，而合规性的冒险变革行为将被弱化（连燕玲、周兵、刘俊良，2016）。连燕玲等指出，相对于完善的制度环境，处于不完善制度环境下的企业在经营期望落差扩大时从事违规性的冒险投机行为的程度更强，而合规性的冒险变革行为将被弱化。当企业处于期望落差，即实际业绩低于期望水平的状态下，由于愿望落空导致的失落会促使这些创业者冒险从事非生产性创新与创业活动。其中的原因主要有：第一，我国的民营企业大都为家庭与家族成员所掌控，这些创业者及其家庭成员旨在追求社会情感财富，比如家族影响力、家族成员的情感依附、家族的王朝承续与繁荣等，所以社会情感财富往往成为家族成员的重要决策参照点。当企业处于期望落差的状态下，这些创业者将有强烈的动力去从事创造性生产活动以维持经营，否则社会情感财富这种非经济利益的诉求就无法持续地实现。第二，创业者往往具有长期经营理念，即他们不会轻易退出经营领域，而要确保长期经营目标的实现则务必进行持续的创新，尤其是在企业的期望水平没有得到实现的情况下。第三，在企业的实际业绩低于期望水平时，创业者及其家族成员的目标与企业的目标趋于一致，各利益相关者可以低交易成本地就研发等创新活动达成合约，因为冒险创新是解决困境的重要途径之一。需要注意的是，创业者的冒险行为不仅体现在积极的创新活动中，还体现在从事消极的、社会所不认可的破坏性活动中。由于人的天性中普遍存在投机取巧倾向，在制度不健全的背景下，这些破坏性活动在中国经济转型期是非常普遍的现象。但遗憾的是，许多学者在这个领域并没有清楚地说明这些破坏性生产活动与期望差距之间的关系。我们认为，期望落差的出现将进一步提高创业者冒险从事破坏性活动的动机，这主要是因为：决策者是损失规避者而不是财富的最大化追求者，当他们面临确定的损失或已经经历了这些损失时便倾向于变得能够忍受风险，并倾向于采取更为主动的方法以减少损失或重新夺回失去的利益，即使这样会牺牲其他人的利益。另外，处于经营期望落差状态下的创业者将面临很大的压力，这种压力将促使他们做出违背社会规范的冒险决策。Kellermanns 等（2001）认为，对于那些由创业者及其家族成员所控制的企业而言，由于他们在决策过程中以社会情感财富作为主要的参照点，这导致他们在经营业绩出现落差时倾向于为了社会情感财富而表现出消极的、投机的，甚至是牺牲其他利益相关者财富的行为。另外，从参照点契约理论看来，作为企业的重要参与者，一旦民营企业创业者感知到无法分享到其初始合约中的基本权利，比如其未来收益一旦向下偏离参照基准、达不到预期目标时，他们在后续的工作过程中就倾向于采取投机的行为，如报复、减少合作、减少专有性资产的投入、敷衍了事而不是尽职尽力。所以，在这种背景下创业者的破坏性活动将趋于增加，经营业绩与期望水平的落差越大，创业者冒险从事创新性活动的动力及破坏性活动的动机也将越强，在期望顺差状态下，冒险地从事创新活动的可能性随着业绩的改进而降低。这一方面是因为绩效顺差导致企业家相信以往积累的经验和惯例是对的，于是其先前的经验将被进一步强化；另一方面是由于顺差使得企业家产生获益的感觉，他们为了规避潜在的投资损失就倾向于放弃那些有风险的经营活动，虽然这些活动也许可以为企业带来更多盈利。正由于私营企业主不仅追求物质财富，还追求社会情感财富等非经济利益，所以在期望顺境的状态下他们的目标与企业目标往往存在差异，此时对于这些家族成员而言，生存问题不再重要，如何实现非经济财富的最大化才是关键，导致他们不再将资源投于回报周期长的创新性活动。

但现实地看，一些好的企业（比如美国的安然公司、世通公司等）依然会采取败德行为。要解释这样的现象就要考虑到企业业绩的相对水平，并且结合社会认知理论与行为经济学进行分析。现有的管理与财务研究表明，用于评价业绩的期望参照点在决策者经历了绩优状态之后就会上升，而逐渐升级的期望降低了企业"成功"的可能性，这是因为：第一，经营业绩不能以等同于甚至高于期望差距上升的速度而无限地提高，要在短期内提高业绩的压力往往导致了企业家冒险地从事破坏性活动。第二，绩优状态还将导致"宿钱效应"，即前期获益的企业家感觉到他们自己正在以前期赢得的"宿钱"而不是自身的资本进行冒险，这也很自然地提高了他们从事破坏性活动的可能性。第三，顺差状态及对完美业绩的追求将导致过度自信、傲慢主义心态，那些成功的企业家相信他们不仅不会失败，甚至相信自己即使从事非法行为也不至于被发现。也就是说，成功的经历会导致这些绩优企业的企业家变得更为冒险，这也提高了他们从事破坏性活动的可能性。这种现象对于已上市的私营家族制企业更为严重，因为在资本市场上要不断地发出利好的消息才有可能生存下来，所以他们一直面临如何维持好绩效的压力。经营业绩与期望水平的顺差越大，企业家冒险从事创新性活动的动力越弱，冒险从事破坏性生产的动机却越强。

贺小刚、连燕玲、吕斐斐（2016）也认为，在期望落差及历史期望顺差的状态下，企业家将随着差距的增加而冒险地从事创新性活动、破坏性活动，但随着行业期望顺差的增加，冒险性行为则降低了。企业家在落差状态下的破坏性活动

第 3 章 理论分析

的边际效应高于顺境状态；行业期望落差状态下创新性活动的边际效应小于行业期望顺差状态，但这种创新活动的边际效应在历史期望状态下更大；进一步地，他们指出，政治关联在期望差距与企业家风险决策偏好之间起到显著的调节作用，尤其在期望落差状态下，它更加遏制了企业家冒险从事创新性活动的动力，而诱使他们将资源配置到破坏性活动之中。企业决策者大都关注收入、利润等经济利益期望（连燕玲、贺小刚、高皓，2014；连燕玲、周兵、贺小刚、温丹，2015），而对名誉、地位等非经济利益期望关注较少（何大安，2005）。李华晶、张玉利、王秀峰（2014）认为，积极的伦理意识，通常伴随对自我实现的高度关注，这有利于提升自我地位和获取收益回报，从而提升对新机会的感知。一项调查显示，创业者伦理行为水平较高，会影响到创业者风险承担的水平。研究发现，创业者越关心他人的福利，越难以实施不道德的行为；反之，创业者越是以自我为中心，其行为缺少普遍伦理规范的约束，越会在机会利用过程中，导致一些负面问题的发生，具体表现在谈判行为、对侵犯他人知识产权和隐私权的接受程度、社会责任性投资行为以及具体决策行为等方面。

3.5 家庭期望与新创企业成长

创业者关心新创家庭企业的成长问题似乎是题中应有之义，然而事实显示，也有部分创业者并不关心企业成长问题，如前所述，小部分创业者所进行的创业决策并非出于合法合规，不致力于以创新的方式为社会提供有价值的产品与服务。在公平有序的竞争环境中，大部分创业者十分关心新创家庭企业成长问题。在企业管理与创业管理研究中，创业企业的创设与新企业的成长是学者共同关心的研究主题，大量文献集中于探讨与此相关的主题，比如机会鉴别、机会启动与利用、团队打造、管理能力提升、资源整合等。但从近几年的实践看，创业者创业率、成功率并不高，创业领域的一个普遍现状是，大部分新创企业在创业早期就遭受了失败。在中国，70%的新创企业存活率低于1年，中小企业的平均寿命只有2.9年；在美国，广泛承认的创业成功率也仅为10%。大学生群体的创业状况亦是如此，当前我国在校大学生及毕业生创业比例较低，而创业成功的比例则更低，从各种不同来源的统计数据看，两者均不超过5%。

企业成长是一个非常复杂的管理现象，涉及不同的层次。新创企业因其时间与空间因素限制，其成长显得更为复杂与严重，比如新创企业成长不同于创业者个体企业家精神的张扬与创业者个体的介入；企业成长还涉及不同的成长模式，比如创业模式选择、资源整合方式、多元化战略、管理层接管等各不相同。企业家精神在新创企业的诞生过程中具有非常关键的作用，而企业家精神的来源与变化并没有得到很好的揭示。企业管理理论普遍看重企业内部条件与外部环境机会的作用，如宏观经济条件、产业结构与竞争性、文化与规范等制度；企业因素，主要有成长潜力、资金实力、利益相关者等；企业家层面，比如企业家的人力资本（包括产业经验、教育与前期创业经验）、人口特征（年龄、社会网络、家庭状况）；等等。

新创企业成长过程非常复杂，影响因素也极其多且不容易确定何种因素最为重要与关键。我们对于新创企业成长的了解仍旧非常有限，对成长方式的选择、成长的前提与结果是什么等都还不清楚，过低的失败率与过高的破产率与退出率便是佐证。我们综合前期的研究文献发现，大多学者关注到了创业者个体、企业乃至产业或其他宏观因素的影响作用，但对于新创的家庭企业而言，由于家庭制度与文化的影响，家庭成员之间形成了一定程度的联系，家庭成员投入了专有的物资资本与人力资本，他们的决策依据往往不再是关注企业的经济价值实现程度，而是家庭经济财富与期望水平的差距，所以重要的分析维度应是"家庭"。并且，创业者及其家庭成员决策依据并不仅是经济物质方面的，还有很多非经济方面的效用，比如社会情感财富。所以，在分析新创企业主决策时应将非经济目标纳入模型,致力于探讨家族企业的经济目标与非经济目标,尤其是非经济目标的对决策影响的重要性(贺小刚、连燕玲、吕斐斐,2016;朱沆等,2012),甚至可以说,家庭企业成长行为与结果的独特性关键在于家族期望的影响(Chrisman 等,2005;Fiegener,2010)。

我们认为,新创企业成长的力量主要来自两个方面:一是家庭,二是企业自身。就家庭因素而言,主要是家庭资源方面的物质支持与家庭期望的精神动力支撑。就企业自身而言,主要是新创企业自身的能力,包括环境适应能力、危机应对能力、快速决策能力。就环境适应能力来说,重要之处在于新创企业如何在成长过程中与环境条件互动,灵活应对复杂环境的动态性、复杂性、对立性。新创企业环境适应能力既可以作为一种过程能力,也可以作为一种结果能力。作为过程的适应力包含感觉、分析、调适、反应、行动、学习、创新等能力,作为结果的适应力表现为一种自处理、自适应能力,是企业对周围环境变化而形成的能够正确反应的能力。

适应性本来是一个生物生态学术语,与生物、人的生存环境类似,企业的环境同样具有一定的生态性,在环境中生存的企业与环境是互动的关系,即企业生命体创造或影响环境,环境给企业以机会和压力。新创家庭企业要适应环境变化的动态性,环境动态性是指企业所面临的环境要素的变化速度、变化程度大小和变化的可预测性,这些环境要素变量包括企业面临的经济环境、政治法律环境、社会文化环境、技术环境等,它们共同构成了动态性的总体因素。感知信息过程是信息加工过程的第一步,在动态性较低的环境中,虽然家庭成员比较容易获得环境信息,信息准确度较高,环境相对稳定变化缓慢,但其中缺乏足够的市场机会,因而家庭成员的机会感知度较低,难以形成较高的决策预期。同时,由于环境变化平缓,缺少挑战性,也不容易形成比较高的家庭期望。有经验的家庭成员经常会收听收看各种时政信息,在信息获知过程中,慢慢地形成自己的兴趣、意愿。一旦形成期望,他又会对信息进行重点收集与分析,并进一步考察与强化期望。而在环境动态性较高时,由于信息变化速度较快,信息数量多,取得成本高，预测准确度低，发展趋势模糊，家庭成员能够形成比较高的信心和机会感知，进而形成比较高的家庭期望。同时，由于动态化的环境，为家庭成员创造力的发挥提供了机会，家庭成员容易形成比较高的期望值，进而为新创家庭企业提供更强的精神动力支持。

与复杂的环境相比，新创企业似乎非常单纯。新创企业环境的复杂性是指家庭成员所处环境利害关系的复杂程度，以及家庭企业各利益相关者对家庭企业经营决策与行为的反应程度。环境的复杂性受众多因素影响，如潜在竞争者的进入程度、消费者忠诚程度、关系网络度以及政府干预程度等。在新的环境与资源约束时代，受家庭企业影响的团体与个人开始以自己的行动向企业争取和主张自己的权利，利益相关者在主张并追求自身合法利益的过程中，对创业者的经营决策带来前所未有的压力，创业者必须权衡各种利益并使之保持平衡。如果家庭企业的战略决策被企业内部某些力量、消费者或某些企业外部的组织持续不断地抵制或削弱，那么这一战略决策则很难成功通过和实施。复杂的环境要求创业者不仅能够发现利益相关者可能给企业带来的风险和压力，同时能有效管理利益相关各方的认知，争取赢得他们的支持。创业者可从结构复杂性、关系复杂性和行为复杂性上对企业进行复杂性管理（刘洪，2007，2008）。

新创企业的成长性受挫的最直接原因可能源自环境的对立性。环境对立性，是指家庭与家庭企业外部可控制资源的重要性和可获得性，是环境对组织生存与发展的支持程度，是资源的稀缺程度，以及对资源竞争的激烈程度。企业资源的丰沛度、市场的占有率等指标，一方面反映了环境对立程度，另一方面也是对创业者的自控性、信心、创造力等的考验。对于新创家庭企业而言，自身力量与竞争力薄弱，常常在意想不到的情况下被竞争对手所击败。而且，由于技术进步，新创企业的失败可能并非由于同行业的竞争所致，也可能因其他行业的技术进步而黯然离场。

创业的不确定性以及环境的动态性、复杂性、对立性都足以让新创企业陷入一次又一次的危机中。新创企业是否具有足够的韧性与灵活适应能力使得自身化解危机直接与其能否成长相关。危机难以回避也不可怕,可怕的是面临危机束手无策。新创企业的成长之路总会伴随危机的,也正是一次次危机使得创业者从"危"中获得"机"。危机应对能力要求具有危机处理意识,先要了解危机。要了解危机,首先需要了解突发事件。危机的形成往往有一个或长或短的过程,而突发事件往往就是危机的导火索和先兆。正如著名管理学家西蒙指出的,突发事件的实质,是非程序化决策问题。当危机发生时,必须采取措施,对危机持置之不理的态度是相当危险的。在面对危机时,当机立断,控制事态的发展是最重要的。任何犹豫不决、等待观望的行为都会使危机变得更大、更难处理。讲究原则,在面对危机时,许多情况是无法明确的,在时间非常紧迫的情况下,若不顾原则进行处理,往往会使事情变得更糟。

快速决策能力既体现在危机来临时,也表现在机遇降临时。在危机面前,快速决策能力表现为当机立断、果敢行事;在机会面前,快速决策能力表现为机不可失,失不再来,根据自己的直觉迅速抢占先机,不必等到有百分之百把握的时候。快速决策能力主要与直觉决策有关。西蒙认为,直觉也是一种分析,只不过已被固化成习惯而已,直觉的作用是帮助人们识别熟悉或类似的情境类型。直觉是对记忆中模式的认知,以已有的经验和情感输入为基础,是对所面临情况的整体感知,难以用言语准确表达。直觉决策的定义,来自两个密切相关的概念:"直觉判断"和"创业警觉"。直觉判断是认知系统不经思索,自然而然产生的结果,往往是突然自动进入脑海,以至于产生直觉的人都无法清晰地解释其来源或动因。有关直觉判断的研究通常将其与个体的经验和专业技能等联系起来。专家快而准的"直觉"反应能力,其实只是知识累积以及运用知识来识别问题求解过程的结果。直觉、判断和创造性基本上都是以经验和知识为基础的识别及反应能力的具体体现。它们的神秘之处大概类似于这种情况:在大街上碰到朋友时我们会"马上"认出他,并且回忆起那个朋友在我们脑海中留下的点点滴滴。巴纳德认为,与科学家相比,企业家在制定决策时,往往无法以有条不紊的理性分析为依据,而在很大程度上依靠他们对决策需求情境的直觉或判断反应。创业警觉则强调创业者拥有一系列与众不同的、引导创业机会识别过程的感知及认知加工技巧,是创业认知过程中所涉及的主要知识结构。通过这一知识结构,感知性输入被转化为对机会的敏感与觉悟,并且这一过程的反复将促使创业者的机会敏感与觉悟能力不断提高。

第4章 实证分析

4.1 研究假设

虽然影响新创企业成长的因素来自方方面面,但在现有的创业研究中,家庭因素并未得到应有的重视,甚至是被忽视了。这与家庭资金投入与情感投入是不相称的。家庭企业自创立后始终会面临"成长的烦恼",因为创业环境的不确定性始终伴随企业的成长。某种意义上说,把握环境机会追求成长的机会成本是忽略和放弃其他任何有利的备选方案。企业成长之路不可能一帆风顺,新创企业的风险系数与失败率都比较高。谋求企业成长可能最终会造就创业者及其家庭的成功,但当创业者将家庭资源与社会资源配置到非生产性或低效率的创业活动中时,则会导致巨大的机会成本。创业特质论研究者倾向于将创业者谋求企业成长看作个体特质作用的结果,认为创业者成就导向动机、自信心与自控力等个性特质会强化其乐观主义精神,会促进其掌控企业股权、进行技术升级换代,从而谋求企业成长。我们认为,对于家庭企业创业者来说,新创企业成长的内容更加宽泛，不仅事关企业家意志（沙彦飞、贺小刚、郭立新、李建升，2018），以及对股权和管理权的坚持，还涉及家庭企业与家风传承，甚至还涉及家庭企业家庭化、社会化。对于创业者而言，家庭企业凝聚了家庭情感与家庭传统，具有很高的情感依恋与情感价值，因而会致力于维持对家庭企业的掌控与管理。何轩等认为，家庭企业创始人传承意愿反映了家庭持续经营企业的意愿是新创企业成长的一个具体形式，并且强调这在中国情境下更具有理论意义。我们认为，家庭传承的实质是家庭创始人企业家精神的延伸，因此可以将家庭企业传承纳入新创企业成长的研究框架之中。基于家庭利益，创始人往往更希望家庭成员肩负企业成长使命。从最近的研究趋势来看，家庭企业性质的研究又重新开始关注企业价值观、期望、目标等"古老"的管理哲学问题。选取"家庭期望"作为分析单元，基于四点考虑：①家庭企业是家庭成员的期望与能力的具体表现，家庭期望是凸显家庭企业（Family Firm）与其他企业异质性的根源所在（Chrisman、Chua 和 Zahra，2013）；②家庭成员长期进行信息沟通与学习，能够在家长权威机制下达成家庭成员所认可与感知的共同期望；③家庭期望值以及期望差异，是分析家庭成员行为差异性的逻辑基础（贺小刚，2015，2016）；④企业组织倾向于以期望水平和目标作为决策参照点，家庭期望的参照点选择是进一步分析家庭企业决策行为及成长路径出现差异性的主要因素。但我们还不清楚这种家庭期望的形成机制以及作用机制。

家庭企业首先是一个以利润为主要目标的经济组织，丝毫不会因为家庭情感与文化而使企业偏离经济主业。家庭经济利益期望实现程度越高，创业者得到市场肯定与家庭反馈越积极，这会提高创业者的期望水平，从而促进创业者改善企业运营管理水平，加大产品开发力度。西蒙的满意决策理论研究表明，某种期望水平是满意决策的标准，其对企业各类决策产生重要影响。当新创企业创业绩效接近或者超过期望水平时，创业者会感觉到满意。自我效能理论认为，自我效能是影响创业者面对创业风险与创业困境时的重要调节机制，高自我效能可以提升决策者的信念水平与信心，从而有助于创业者克服创业困难，追求企业成长。令人满意的经济利益期望的实现,是对创业者的创业机会把握能力、创业项目选择能力、创业项目执行能力等方面的肯定,促使其积极评价创业效能以及创业成功期望值。有别于其他类型的创业模式,家庭创业的初衷是出于增加和保护家庭内部成员的福利及经济财富。经济利益期望实现程度越高,说明该家庭企业的经营管理水平与创业项目效益越高,家庭经济地位与经济水平也越高,就越有经济实力进行技术创新与资金投入。根据强化理论,这样的满意会刺激与强化创业者的初始行为。家庭经济利益期望实现程度越高,越能够激发创业者雄心壮志。反之,当创业绩效达不到期望水平时,创业者会显得沮丧,产生不满意心理。这种不满意的心理会抑制创业者扩大企业投入谋求企业成长的行为。因此,本书提出以下假设:

H1:家庭经济利益期望实现程度越高,创业者谋求新创企业成长的可能性越大。

家庭也是一个社会化组织。家庭企业是家庭与企业的结合体,天然地承载着家庭的社会文化功能,即便家庭经济功能是基本功能。创业是漫长的也是高风险的事业,创业者往往承受巨大的心理压力,家庭对社会地位的追求、创业者自身对权力与卓越的渴求则容易成为创业者与家庭企业成长的动力;而和谐的家庭氛围、友善的家庭成员、良性的家庭互动等则容易成为温馨的、疏解压力的港湾。这些期望与欲求都能助创业者一臂之力,强化其创业意志、激发其创业热情、提高其创业能力。较高的非经济利益期望满足,意味着创业者与家庭成员之间形成了良性的、和谐的家庭氛围,有利于经验、能力、直觉等隐性知识等的分享与传播,为进一步的内部传承提供先天优势。大多数家庭企业中的异质性和竞争力来源于隐性知识。较高的非经济利益期望满足,是对经济利益期望不足的最好替代。另外,家庭企业的"家庭性"很高,创业者往往视企业为自己毕生的心血,创始人对企业有很强的情感依恋,而这种情感依恋是一种无形的社会情感财富。这种情感依恋迫使创业者持续地投入注意力,在没有不可抗力情况下,创业者自然会专注于企业经营与企业成长。同时,家庭非经济利益期望实现程度越高,家庭企业所积累的社会资本与社会网络资源越可为持续创业保驾护航。家庭企业社会资本主要体现在各层次的利益相关者之中，如政府、代理商、金融企业等。良好的社会关系，为持续创业提供有力支持，同时也加速了新创企业的成长。另外，企业实施经济功能取决于权力的配置，家庭成员是否拥有控制权与决策权是区分家庭企业与非家庭企业的一个重要标志。这种控制可以是实际控制也可以是名义控制，在决策角色上既可以是董事长，也可以是CEO。拥有控制权才拥有决策权，才可以施加影响力，控制与影响是一个整体，并且家庭成员都高度渴望得到家庭控制权与家庭影响力。Miller 等（2011）将单一业主创建的企业（Lone Founder Firms）界定为非家族企业，认为单一业主创建的企业和家族企业在角色认同、战略逻辑和战略选择上具有显著的差异。单一业主（创业者）认同自身创业者的身份，掌握企业的控制权和决策权，具有强烈的成就动机导向和创业导向，遵循创业逻辑，倾向于选择成长型战略，注重企业长期投资及其经济回报。如果创业者和其他家族成员联合（Family Founders）创建企业，即其他家族成员涉入股权，新创企业就变成了家族企业（Family Founders Firms），而创业者在家族企业中处于主导地位（Miller 等，2013）。家族企业的总体目标面临着家族目标和企业目标两方的冲突。家族和企业作为相对独立的系统，具有不同的决策准则：家族遵循生物—情感准则，企业依赖于理性—经济基础（刘小元、林嵩、李汉军，2017）。创业者的决策权力是掌控企业成长的基本要求，家庭企业创始人之所以往往会留恋权力，是因为权力既是配置资源的钥匙，也是家庭权威的象征。权力期望越高，越会致力于拓展企业边界，谋求企业成长。因此，本书提出以下假设：

H2：家庭非经济利益期望实现程度越高，创业者谋求新创企业成长的可能性越大。

过往创业研究偏重于对创业者特质的研究，而对创业认知、创业决策的研究则显得不足。广义看，创业决策贯穿于创业过程始终。本书关注狭义的创业决策，即是否创业、创什么业等决策。参考 Baumol（1990），Douhan 和 Henrekson

(2008);李胜文、李新春、李大胜(2011)等关于企业家理论的文献,我们将家庭企业创业决策分为:创新主导的生产性创业,这主要是指熊彼特式的创业决策;败德主导的非生产性创业,包括不轨行为的创业决策(如创建皮包公司、"庞氏骗局"公司等)。家庭企业设立并不自然意味着创业的成功以及对社会的贡献,我们更要关注家庭企业将会将创业资源投向哪些生产性、创造性领域;哪些又投向了非生产性、非创造性领域。2018年初,新海生物创始人毕万里在与自媒体《知识分子》对话时谈及,很多初创公司由于生存压力,在一开始的时候就要进入市场,求得生存。事实上,初创公司千万不能以薄利多销来打开市场,而应以特点和服务赢得市场。生产性创业维度是新创企业获得竞争优势的重要来源、获得成功的重要保障。创新性引发的产品和市场等方面的投入有助于新创企业寻找、识别并把握市场机会,获取先动优势,从而实现较快、较好的成长。创新性对新创企业的成长绩效的促进作用在已有研究中得到较为充分的肯定(眭文娟、张慧玉,2014)。家庭经济利益期望实现程度高意味着较高的经济基础与经济实力,这为企业的技术改进与产品研发等生产性创业提供了坚实的资金支持。效果推理理论认为,初创企业大都关注风险而不是收益,家庭企业的资金投入大都来自家庭多年积累,这使得创业者在创业决策时更多地基于风险的考量而不是收益,更注意创业项目的长期收益与企业的品牌建设。当创业绩效高于期望水平时,创业者会有更强的信心去扩大投入,增加研发与产品开发。以专利发明、产品研发、技术更新等为主要内容的企业生产性创业是高风险战略决策行为,一旦失败,可能造成重大损失,这也是许多新创企业踟蹰不前的主要原因。但高风险意味着高收益,而且可能产生持续的长久收益,这显然与家庭企业的长期目标追求是吻合的。

除了家庭企业自身的产品研发、服务创新,随着企业经济实力的增强、市场竞争的加剧,很多家庭企业开始重视与科研院所、高校的科技合作,重视寻求政府资金与技术支持。家庭企业愿意为科技埋单、为未来投资。与此同时,科研院所与高校也主动与家庭企业合作,加速推进科技成果产出,助推家庭企业成长。

家庭期望、创业决策与新创企业成长：影响机制及实证研究

根据中科院曾做过的一项抽样调查，在300多位受访科研人员中，参与过产学研合作，或愿意与企业开展合作的科研人员已经占到总数的六成多。而风险资本也全力为家庭企业的生产性创业提供资金支持。据统计，中国已成为仅次于美国的第二大VC/PE投资市场，已有1.2万家投资机构，管理着8.5万亿元的资本总量，仅2017年前11个月募集的资金量就达1.6万亿元，投资量1.1万亿元。因此，本书提出以下假设：

H3：生产性创业在家庭经济利益期望与新创企业成长之间具有中介效应。

但也有学者提出异议，经济利益实现程度高及对完美业绩的追求将导致过度自信、傲慢主义心态，那些成功的创业者会相信他们不仅不会失败，甚至相信自己即使从事非法行为也不至于被发现。也就是说，成功的经历会导致这些绩优的家庭企业创业者变得更为冒险，这提高了他们从事破坏性活动的可能性（贺小刚、连燕玲、吕斐斐，2016）。对此，我们认为，家庭企业的生产性创业受制于企业资源，而家庭企业资源包括家庭内部非经济类财富，如家庭社会地位、愉悦情感等期望。如果仅仅关注经济利益期望，确有出现上述异议的可能。但是，家庭期望中的非经济利益期望可以对经济目标追求进行约束与引导。当企业进入风险期时，这种约束与引导作用增强。企业进入成长期时，家庭非经济利益期望往往得以实现，较高的实现程度意味着家庭非经济类财富都积累到一定程度，如社会地位提高、企业权力稳定、家庭氛围融洽、社会关系资源充足等，都为实施创新驱动战略提供了资源基础，创业者更有可能选择增加生产性创业。良好的社会地位、良性的利益相关者关系管理都对生产性创业有显著正面影响。

在企业环境动态化、竞争动态化的今天，非理性因素对企业战略决策的影响越来越重要。生产性创业，既是应对动态环境与竞争的有力武器，也是对家庭非经济利益目标与追求的战略承诺。应对动态的环境与竞争，除了要"以动制动"，也要"以静制动"。家庭企业价值观及家庭非经济利益期望等非理性因素对于这种企业中长期战略决策的影响很大。创业者对家庭核心利益承诺是一种战

略承诺，无论企业经营环境如何动态化，只有取舍清晰、资源集中、持之以恒的企业才有可能建立核心专长，并借此持续和稳定地获得高于社会平均水平的收益。另外，家庭企业与利益相关者是战略联盟。新创企业必须协调家庭核心利益与利益相关者利益，以战略意图和宗旨陈述的方式，将家庭承诺在企业内外进行广泛的传播，寻求企业内外利益相关团体的了解、认同、支持和监督；必须通过有效的公司治理和价值坚持应对经营环境动态化的影响，包括各种威胁和诱惑的影响，有效实现以静制动（吕迪伟、蓝海林、陈伟宏，2018；蓝海林，2015）。通过家庭与利益相关者的互动，形成双赢或多赢的利益格局，进而有利于新创企业的健康成长。因此，本书提出以下假设：

H4：生产性创业在家庭非经济利益期望与新创企业成长之间具有中介效应。

在制度经济学看来，制度是决策的约束规则，制度规范对企业行为和战略决策产生了重要影响，无论是正式制度还是非正式制度。制度安排往往是企业难以预测与驾驭的，政府政策往往是外部环境中影响最大、最复杂且最难预测的因素。制度安排与政策实施既可能为家庭企业创造成长机遇，也可能限制其发展空间。我国仍处于经济转型期，政府之手显得非常强劲有力，政府掌控关键性资源并且对微观企业行为进行管控，过度的政府管制、缺乏有效公正的法律体系以及低市场化程度成为了培育创业者精神的障碍。

制度环境决定了正式和非正式的游戏规则，约束人们的行为，如果没有强有力的制度，创业者就会操纵政治和法律程序来转移现存财富（Baumol，1990），导致企业家精神与创业资源向寻租等非生产性创业活动分配。公正且有效的制度可以约束政府的行为，限制创业者利用政府或与政府勾结来转移财富的能力，减少非生产性的创业精神，推动企业家寻求生产性创业活动来创造社会财富并实现个人目标（Sobel，2008）。制度质量高时，产权受到完全保护，寻租部门的报酬将比生产部门的报酬低，因而不存在寻租者，创业精神全部分配至生产性部门。如果制度质量低，寻租者获得的报酬比生产者还多（李胜文、李新春、李大胜，2011；秦磊、李东红，2011）。

在制度环境灰色区域，政府行为不透明，官员相对官僚，创业者常常要面对"玻璃门""弹簧门"，创业者的企业家精神常常受到冲击甚至打击，有可能导致创业者怀疑其创业初心，进而维持现状甚至退出企业运营。在转型期的中国，制度缺失与制度效率低下并存，以"皮包公司"、寻租、腐败等为特征的非生产性创业依然具有较大的市场，其中，主要与制度关联的腐败现象一直司空见惯。腐败发挥了一定的"资源配置"作用，使得中国经济形成高腐败与高增长并存的"双高之谜"（周广肃、谢绚丽、李力行，2015；李胜文、李新春、李大胜，2011）。腐败对新创家庭企业的成长是把双刃剑（涂国前、刘峰，2010；Lehman、Ramanujam，2009；Zhang、Bartol、Smith，2008；Wiseman、Gomez – Mejia，1998；Alexander、Cohen，1996；Arlen、Carney，1992；March，1991），张璇、刘贝贝、胡颖（2016）使用2005年世界银行对中国企业的调查数据并进行实证检验，结果发现，企业税负显著地阻碍企业成长，但吃喝腐败能够缓解企业税负，从而促进企业成长，发挥了腐败的润滑剂作用。然而吃喝腐败并非是所有企业的润滑剂，这种"援助"作用只对低成长率的企业显著，对高成长率的企业，这种作用并不明显（贺小刚、邓浩、吴诗雨，2015）。《全球创业观察2015/2016中国报告》显示，中国创业生态环境总体表现良好，但商务环境和教育培训等方面亟须改善。G20创业调查数据显示，创业数量和质量负相关，创业活动活跃的国家，其产品和市场创新能力相对较差。中国创业既要重视数量，更要重视质量。我国创业企业中应用新技术的比例近年来有所提高，在效率驱动型经济体中处于前列，但技术创业的比例仍然较低，明显低于创新驱动型经济体。2018年1月28日的《全球创业观察2016~2017中国报告》指出，中国创业活动的质量与发达经济体和G20经济体平均水平相比，仍存在较大差距，中国在商务环境方面亟须加强。因此，本书提出以下假设：

H5：创业者制度感知在生产性创业与新创企业成长之间具有调节作用。

基于上述理论分析，我们提出本书的理论模型，如图4.1所示。

第4章 实证分析

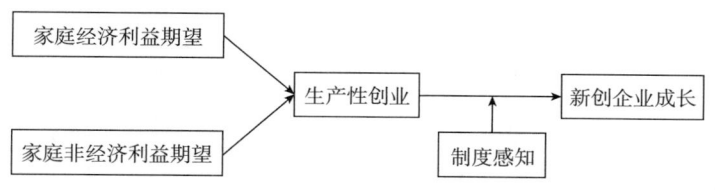

图 4.1 研究模型

4.2 样本选取与研究设计

4.2.1 样本选取

根据《全球创业观察中国报告》的界定，我们选取三年以内的家庭企业作为样本源。参与问卷填写的被试对象必须是家庭企业主。被试对象主要是来自江苏、浙江、上海、安徽等地的 380 名家庭创业者。通过 QQ、微信、问卷星与现场调研相结合的手段进行问卷的发放与回收，历时 4 个月。总共发放问卷 380 份，回收问卷 282 份，回收率为 74.2%。排除 28 份不完整问卷和 8 份无效问卷，共得到 246 份有效问卷。具体的行业分布和学历交叉如表 4.1 所示。

表 4.1 家庭创业者受教育水平与行业分布交叉表格

行业	学历				占总样本比重
	高中及以下	大专	本科	研究生	
制造业	5	16	28	4	53（21.5%）

· 95 ·

续表

行业	学历				占总样本比重
	高中及以下	大专	本科	研究生	
信息产业	7	12	37	3	59（24.0%）
建筑业	4	8	22	3	37（15.0%）
批发和零售业	4	5	10	6	25（10.2%）
电商	0	1	3	0	4（1.6%）
房地产业	0	1	1	0	2（0.8%）
维修服务业	0	4	5	0	9（3.7%）
交通运输、快递业	0	3	2	0	5（2.0%）
住宿和餐饮业	0	3	8	0	11（4.5%）
农林牧渔业	1	0	1	1	3（1.2%）
文化、体育、娱乐业	1	3	3	1	8（3.3%）
家政服务	1	0	0	0	1（0.4%）
其他行业	3	8	17	1	29（11.8%）
总数	26	64	137	19	246（100%）

4.2.2 研究变量

（1）新创企业成长。新创企业成长（NVG）是指创业者不忘初心、继续加大投入谋求企业健康成长。新创企业成长是战略管理、企业成长理论研究的主要内容，在创业管理研究中相对缺乏。衡量企业成长的指标有多种，如现金流、净收入、顾客满意度、销售额、雇员人数、市场份额等。Dess等（1984）研究发现用主观绩效代替客观绩效不会影响研究的信度与效度。杨隽萍、唐鲁滨、于晓宇（2013）参考Chandler等（1994）及Parker（2008）等学者的研究成果，采用"市场份额的增长""销售额的增长""利润的增长""员工数量"和"产品或服务种类增长"等指标加以测量。彭伟、顾汉杰、符正平（2013）采用主观指标评价法，从销售额增长、雇员数量增长、市场份额增长3个方面测量新创企业成长绩效。刘小元、林嵩、李汉军（2017）采用销售额增长率、净利润增长率、固定资产增长率、总资产增长率、雇员增长率、市场份额增长率测量新创家族企业的成长。参照上述研究成果，我们采用"市场份额""推出新产品或服务的速度""利润""企业社会声誉""员工数量"五个指标加以测量，如"我们企业的市场份额增长快"。采用 Kaiser – Meyer – Olkin 方法，得到 KMO 值为 0.799（χ^2 = 356.737，10df，p < 0.001），Cronbach's alpha 的值为 0.783，表明量表具有较高可信度。

（2）家庭期望。家庭期望分为两个维度：经济利益期望与非经济利益期望，经济利益期望是家庭对创业者成员在经济利益方面的要求与希冀，具体又可以有三个维度：盈利性、成长性和安全性期望。就盈利性期望而言，是针对创业者所从事的职业在经济收入、经济利润方面的期望。成长性期望，是指创业者所从事的职业具有一定的前景，能够给家庭带来一定的希望。安全性期望，是指创业者所从事的职业具有一定的稳定性，不至于因为环境的变化而导致家庭经济状况的下降。非经济利益期望是家庭对创业者成员在非经济利益方面的要求与希冀，具体又可以有四个维度：社会身份、愉悦情感、家庭控制和追求卓越期望。本书采用了李克特（Liker T.）七点量表（如"1"代表"家庭期望完全没有实现"、"7"代表"家庭期望完全实现"）。本书用21个测量指标及六个维度来衡量家庭期望的内容，包括经济收入期望、生活富裕期望、社会地位期望、愉悦情感期望、权力期望和追求卓越期望。采用 Kaiser – Meyer – Olkin 方法，其中经济收入期望采用了"家庭经济收入足以维持家庭成员日常生活开支"等三个指标，KMO 值为 0.611（χ^2 = 126.858，3df，p < 0.001），Cronbach's alpha 值为 0.612，表明家庭经济收入期望的子量表具有较高可信度。生活富裕期望采用了"家庭经济财富足以支持家庭成员过上体面的生活"等三个指标，KMO 值为 0.733（χ^2 = 433.632，3df，p < 0.001），Cronbach's alpha 值为 0.890，表明家庭生活

富裕期望的子量表具有较高可信度。家庭社会地位期望采用四个指标，如"家庭在本地区有一定的社会地位"等，KMO值为0.735（$\chi^2 = 494.290$，6df，$p < 0.001$），Cronbach's alpha值为0.860，表明家庭社会地位的子量表具有较高可信度。愉悦情感期望采用四个指标，如"家庭已经形成良好的家风"等，KMO值为0.767（$\chi^2 = 603.605$，6df，$p < 0.001$），Cronbach's alpha值为0.892，表明家庭愉悦情感期望的子量表具有较高可信度。权力期望采用四个指标，如"家庭成员都具有影响力和感染力"等，KMO值为0.788（$\chi^2 = 495.334$，6df，$p < 0.001$），Cronbach's alpha值为0.866，表明权力期望的子量表具有较高可信度。追求卓越期望采用三个指标，如"家庭成员常常相互鼓励相互追赶"等，KMO值为0.745（$\chi^2 = 394.783$，3df，$p < 0.001$），Cronbach's alpha值为0.881，表明追求卓越期望的子量表具有较高可信度。如图4.2所示。

为了检验家庭期望量表的信度和效度，我们采取结构方程模型（AMOS 17.0）进行验证性因子分析（EFA），以此来评估各个测量因子的一致性。通过测试不同的结构方程模型，比较（卡方检验）检验家庭期望六个因子之间的区别效度。本书拟采用以下的拟合度指标：①$\chi^2/df < 5.0$；②RMSEA < 0.1；③CFI > 0.8；④GFI > 0.8。也有许多研究者认为GFI或者AGFI在0.80~0.89为合理范围。验证性因子分析的结果表明，本书的测量模型具有很好的拟合度，其中$\chi^2/df = 2.929$，RMR/RMSE = 0.089，小于0.1；CFI = 0.955；GFI = 0.911属于之前研究者建议的0.80以上的合理范围。结果表明，六个维度——经济收入期望、生活富裕期望、社会地位期望、愉悦情感期望、权力期望和追求卓越期望的因子载荷分别为0.36~0.92、0.83~0.88、0.73~0.82、0.79~0.85、0.70~0.85以及0.83~0.85（具体请参见图4.2）。

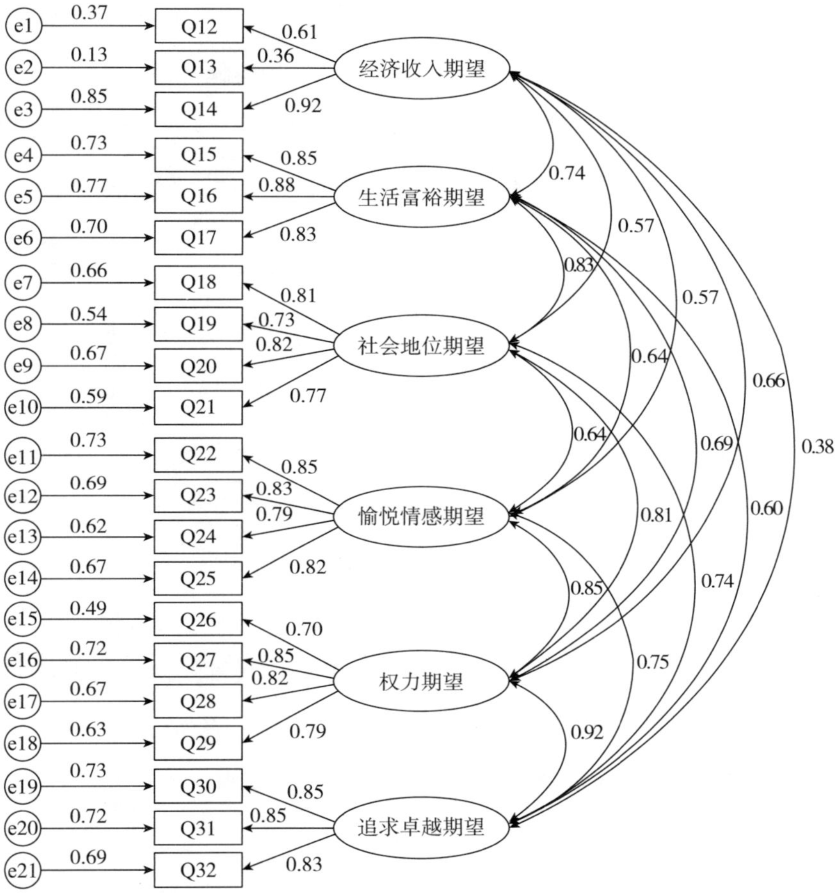

图 4.2 家族期望验证性因子分析

（3）生产性创业决策。参考 Baumol（1990）的企业家理论等文献，设置"企业会开发新产品与新服务"等五个指标来测量。采用 Kaiser – Meyer – Olkin 方法，得到 KMO 值为 0.861（$\chi^2 = 849.540$，10df，$p < 0.001$），Cronbach's alpha 的值为 0.911，表明量表具有较高可信度。

（4）制度感知。本书采用企业家对于外部法律制度环境的信心来衡量制度感知，根据 Peng 等（2010）提出的企业家制度环境信心四个测量指标，如"现行的法律制度是公正公平的"等。采用 Kaiser – Meyer – Olkin 方法，得到 KMO

值为 0.754（$\chi^2 = 637.431$，6df，$p < 0.001$），Cronbach's alpha 值为 0.891，表明量表具有较高可信度。

（5）控制变量。根据 Cliff 的研究，本书控制了企业规模与寿命、行业经营业绩、创业者个体特征、环境不确定性的因素对于新创企业成长的影响。

4.2.3 描述性统计和相关性分析

家庭经济利益期望中经济收入期望的均值为 4.527，标准差为 1.388；生活富裕期望的均值为 3.869，标准差为 1.330。家庭非经济利益期望中社会地位期望的均值为 3.957，标准差为 1.074；愉悦情感期望的均值为 4.901，标准差为 1.009；权力期望的均值为 4.697，标准差为 1.034；追求卓越期望的均值为 4.825，标准差为 0.996。生产性创业决策的均值为 5.151，标准差为 1.116；制度感知的均值为 4.692，标准差为 1.130；新创企业成长的均值为 4.354，标准差为 0.894（具体参见表4.2）。相关性检验表明，家庭期望的六个维度与生产性创业决策和新创企业成长均显著正相关，生产性创业决策与新创企业成长显著正相关，为后续假设检验提供初步支持。

为了避免多重共线性的影响，以保证模型估计的一致性与有效性，我们对数据进行了技术处理。一方面，对所有交互项涉及变量都进行了标准化处理；另一方面，对所有进入模型的变量进行方差膨胀因子（VIF）诊断，VIF 的值为 1.067~5.760，严格小于10，排除了多重共线性问题。

4.2.4 检验模型

为了检验家庭期望与新创企业成长的关系，以及生产性创业的中介效应以及制度感知的调节效应，我们将新创企业成长作为被解释变量。为检验生产性创业的中介作用，采用层级回归方法对假设进行检验。

第4章 实证分析

表 4.2 主要变量描述性统计与相关性分析

代码	变量	均值	标准差	1	2	3	4	5	6	7	8	9	10	11	12	13	14	15	16	17	18	19
1	性别	1.430	0.496	1																		
2	年龄	2.730	1.175	-0.095	1																	
3	专业	2.860	1.351	-0.069	0.311*	1																
4	学历	2.610	0.779	-0.087	0.036	0.026	1															
5	创业教育经历	2.390	0.867	-0.009	0.006	-0.048	-0.021	1														
6	企业所在地	2.380	0.823	-0.015	0.009	0.044	0.039	0.004	1													
7	员工数量	2.330	0.978	0.009	-0.150*	-0.083	0.192**	-0.006	0.315**	1												
8	成立时间	2.740	1.052	-0.136*	-0.113	0.081	0.083	-0.037	0.417**	0.452**	1											
9	所属行业	4.570	4.057	-0.024	0.106	0.035	-0.038	-0.072	0.105	-0.181**	0.066	1										
10	行业经营水平	2.620	0.739	-0.066	0.193**	0.144*	-0.005	-0.007	0.104	-0.183**	-0.085	0.123	1									
11	环境不确定性	2.830	0.875	0.014	-0.141*	0.042	-0.054	-0.094	-0.060	0.072	0.101	-0.115	-0.071	1								
12	经济收入期望	4.572	1.388	-0.049	-0.086	-0.007	-0.040	-0.028	-0.055	0.072	0.195**	0.016	0.007	0.457**	1							
13	生活富裕期望	3.869	1.330	0.016	-0.051	0.049	0.077	-0.041	-0.043	0.007	0.053	-0.086	-0.014	0.248**	0.511**	1						
14	社会地位期望	3.957	1.074	0.044	-0.009	0.046	0.116	-0.049	-0.069	0.056	0.058	-0.086	-0.121	0.184**	0.399**	0.736**	1					

续表

代码	变量	均值	标准差	1	2	3	4	5	6	7	8	9	10	11	12	13	14	15	16	17	18	19
15	愉悦情感期望	4.901	1.009	0.083	-0.100	0.086	0.085	-0.061	0.059	0.147*	0.107	-0.043	-0.212**	0.183**	0.357**	0.563**	0.559**	1				
16	权力期望	4.697	1.034	0.094	-0.086	0.063	0.059	-0.076	-0.124	0.072	0.070	-0.047	-0.228**	0.315**	0.469**	0.607**	0.698**	0.779**	1			
17	追求卓越期望	4.825	0.996	0.084	0.021	0.046	0.086	0.047	-0.038	0.090	0.030	-0.082	-0.209**	0.146*	0.252**	0.529**	0.644**	0.664**	0.787**	1		
18	生产性创业决策	5.151	1.116	-0.012	-0.011	0.033	0.039	0.068	-0.092	0.148*	-0.007	-0.214**	-0.257**	0.220**	0.362**	0.327**	0.403**	0.493**	0.587**	0.549**	1	
19	制度感知	4.692	1.130	0.017	-0.107	0.114	0.063	-0.010	0.215**	0.171**	0.153*	-0.088	-0.108	0.228**	0.243**	0.344**	0.274**	0.482**	0.346**	0.358**	0.154*	1
20	新创企业成长	4.354	0.894	0.135*	-0.097	0.009	0.071	-0.036	-0.051	0.126*	0.040	-0.207**	-0.349**	0.440**	0.346**	0.454**	0.467**	0.553**	0.589**	0.528**	0.644**	0.346**

注：** 代表 $p<0.01$，* 代表 $p<0.05$；样本量=246。

4.3 检验结果

4.3.1 家庭期望与新创企业成长的关系

我们运用SPSS19.0通过层次回归方法对假设模型进行检验。由表4.3的结果可知，在模型（2）中家庭经济利益期望中，经济收入期望与新创企业成长呈显著正相关（$\beta=0.365$，$p<0.001$），生活富裕期望与新创企业成长呈显著正相关（$\beta=0.377$，$p<0.001$），假设1得到支持。在模型（3）中家庭非经济利益期望包括社会地位期望、愉悦情感期望、权力期望与追求卓越期望，其与新创企业成长的关系并不都显著。其中，社会地位期望与新创企业成长呈正相关，但不显著（$\beta=0.031$，n.s.）；愉悦情感期望与新创企业成长呈显著正相关（$\beta=0.239$，$p<0.01$）；权力期望与新创企业成长呈正相关，但不显著（$\beta=0.057$，n.s.）；追求卓越期望与新创企业成长呈显著正相关（$\beta=0.236$，$p<0.05$），假设2得到部分支持。

表4.3 家庭期望与新创企业成长关系检验

	新创企业成长		
	(1)	(2)	(3)
常数项	17.703*** (2.149)	14.515*** (2.005)	8.489*** (2.072)

续表

	新创企业成长		
	(1)	(2)	(3)
1. 控制变量			
性别	1.047 * (0.493)	0.973 * (0.448)	0.689 (0.417)
年龄	0.107 (0.222)	0.145 (0.202)	0.128 (0.190)
专业	0.130 (0.190)	0.097 (0.173)	-0.022 (0.162)
学历	0.541 (0.315)	0.366 (0.288)	0.265 (0.268)
创业教育经历	-0.020 (0.278)	0.002 (0.252)	-0.008 (0.237)
企业所在地	0.120 (0.333)	0.236 (0.304)	0.162 (0.291)
员工数量	0.051 (0.298)	0.131 (0.271)	-0.026 (0.252)
成立时间	-0.114 (0.281)	-0.261 (0.259)	-0.193 (0.241)
所属行业	-0.130 * (0.062)	-0.110 (0.057)	-0.122 * (0.053)
行业经营水平	-1.879 *** (0.341)	-1.958 *** (0.310)	-1.379 *** (0.301)
环境不确定性	2.113 *** (0.282)	1.572 *** (0.286)	1.553 *** (0.269)
2. 自变量：家庭经济利益期望			
经济收入期望		0.365 *** (0.068)	0.328 *** (0.066)
生活富裕期望		0.377 *** (0.064)	0.309 *** (0.083)
3. 自变量：家庭非经济利益期望			
社会地位期望			0.031 (0.081)

续表

	新创企业成长		
	(1)	(2)	(3)
愉悦情感期望			0.239**
			(0.086)
权力期望			0.057
			(0.114)
追求卓越期望			0.236*
			(0.120)
样本量	246	246	246
R^2	0.334	0457	0.543
调整后 R^2	0.303	0.427	0.509
ΔR^2	0.334	0.123	0.086
F 值	10.677***	15.032***	15.966***

注：①括号内为标准误，*代表 $p<0.05$，**代表 $p<0.01$，***代表 $p<0.001$，双尾检验；②表中回归系数均为非标准化回归系数。

对于是否追求新创企业成长而言，家庭经济利益期望是一个比较重要的经济参照点，而非经济利益期望参照点影响并不显著。创业者对谋求企业成长是比较理性的行为，以经济利益参照点作为主要依据。愉悦情感期望是比较重要的决策参照点，家庭创业者常常会感知到家庭氛围与家风的影响，身上肩负振兴家庭的使命感，这种家庭性使其并不能只考虑经济利益最大化。

4.3.2 生产性创业的传导效应检验

经济收入期望对新创企业成长有显著正向影响（$\beta=0.365$，$p<0.001$），对生产性创业也存在显著正向影响（$\beta=0.391$，$p<0.001$）；生活富裕期望对新创企业成长有显著正向影响（$\beta=0.377$，$p<0.001$），对生产性创业也存在显著正向影响（$\beta=0.233$，$p<0.05$）；生产性创业决策本身对新创企业成长存在显著

正向影响（β＝0.426，p＜0.001）。在因变量为新创企业成长的模型（4）中，同时加入经济收入期望、生活富裕期望和生产性创业时，经济收入期望（β＝0.247，p＜0.01）和生活富裕期望（β＝0.171，p＜0.05）对于新创企业成长的影响仍显著（具体见表4.4）。因此，符合中介效应的四个条件，生产性创业在家庭经济利益期望与新创企业成长之间起部分中介作用，假设3得到支持。

表4.4 生产性创业决策的传导效应

	生产性创业决策			新创企业成长			
	（1）	（2）	（3）	（1）	（2）	（3）	（4）
常数项	25.121*** (3.005)	20.838*** (2.858)	1.0785*** (2.791)	6.994*** (1.971)	14.515*** (2.005)	8.489*** (2.072)	4.907* (1.917)
1. 控制变量							
性别	−0.363 (0.689)	−0.322 (0.638)	−0.864 (0.562)	1.202** (0.397)	0.973* (0.448)	0.689 (0.417)	0.976* (0.376)
年龄	0.296 (0.311)	0.325 (0.288)	0.259 (0.256)	−0.019 (0.179)	0.145 (0.202)	0.128 (0.190)	0.043 (0.171)
专业	0.261 (0.266)	0.291 (0.246)	0.113 (0.218)	0.018 (0.153)	0.097 (0.173)	−0.022 (0.162)	−0.060 (0.145)
学历	0.154 (0.440)	0.100 (0.411)	−0.025 (0.360)	0.476 (0.253)	0.366 (0.288)	0.265 (0.268)	0.282 (0.240)
创业教育经历	0.496 (0.388)	0.471 (0.359)	0.447 (0.319)	−0.232 (0.224)	0.002 (0.252)	−0.008 (0.237)	−0.156 (0.214)
企业所在地	−0.397 (0.465)	−0.098 (0.434)	0.030 (0.392)	0.289 (0.268)	0.236 (0.304)	0.162 (0.291)	0.152 (0.261)
员工数量	0.752 (0.417)	0.779* (0.386)	0.563 (0.339)	−0.270 (0.241)	0.131 (0.271)	−0.026 (0.252)	−0.213 (0.227)
成立时间	−0.395 (0.393)	−0.766* (0.370)	−0.694* (0.324)	0.055 (0.226)	−0.261 (0.259)	−0.193 (0.241)	0.037 (0.218)
所属行业	−0.182* (0.087)	−0.192* (0.081)	−0.217** (0.071)	−0.053 (0.050)	−0.110 (0.057)	−0.122* (0.053)	−0.049 (0.048)

续表

	生产性创业决策			新创企业成长			
	(1)	(2)	(3)	(1)	(2)	(3)	(4)
行业经营水平	-1.701*** (0.477)	-1.888*** (0.442)	-0.885* (0.405)	-1.154*** (0.282)	-1.958*** (0.310)	-1.379*** (0.301)	-1.086*** (0.272)
环境不确定性	1.267** (0.395)	0.196 (0.407)	-0.005 (0.362)	1.537*** (0.232)	1.572*** (0.286)	1.553*** (0.269)	1.555*** (0.241)
2. 自变量：家庭经济利益期望							
经济收入期望		0.391*** (0.098)	0.308*** (0.089)		0.365*** (0.068)	0.328*** (0.066)	0.274** (0.061)
生活富裕期望		0.233* (0.092)	0.187* (0.112)		0.377*** (0.064)	0.309*** (0.083)	0.171* (0.075)
3. 自变量：家庭非经济利益期望							
社会地位期望			-0.033 (0.109)			0.031 (0.081)	0.042 (0.072)
愉悦情感期望			0.113 (0.116)			0.239** (0.086)	0.201* (0.077)
权力期望			0.119 (0.153)			0.057 (0.114)	0.082 (0.104)
追求卓越期望			0.246* (0.162)			0.236* (0.120)	0.088 (0.109)
4. 中介变量：生产性创业决策							
生产性创业决策				0.426*** (0.038)			0.332*** (0.044)
样本量	246	246	246	246	246	246	246
R^2	0.164	0.291	0.468	0.571	0457	0.543	0.635
调整后 R^2	0.124	0.251	0.428	0.549	0.427	0.509	0.606
ΔR^2	0.164	0.127	0.177	0.571	0.114	0.086	0.063
F 值	4.158***	7.323***	11.789***	25.811***	15.032***	15.966***	21.918***

注：①括号内为标准误，*代表 $p<0.05$，**代表 $p<0.01$，***代表 $p<0.001$，双尾检验；②表中回归系数均为非标准化回归系数。

另外，由于社会地位期望对新创企业成长的影响不显著（β = 0.031，

n. s. ），愉悦情感期望对新创企业成长有显著正向影响（β=0.239，p<0.01），权力期望对新创企业成长的影响不显著（β=0.057，n. s. ），追求卓越期望对新创企业成长有显著正向影响（β=0.236，p<0.05），社会地位期望对生产性创业的影响不显著（β=-0.033，n. s. ），愉悦情感期望对生产性创业的影响不显著（β=0.113，n. s. ），权力期望对生产性创业的影响不显著（β=0.119，n. s. ），追求卓越期望对生产性创业有显著正向影响（β=0.246，p<0.05）。因此，生产性创业在家庭非经济利益期望与新创企业成长之间的中介效应较弱，假设4并没有得到支持。

我们认为，假设4没有得到支持的原因在于家庭企业创业不同于大企业内部创业，其生产性创业决策是一个高风险、高依赖的战略决策，在较长时间内需要大力的财力与人力资源支持。相比于非经济利益期望的隐性驱动而言，生产性创业可能更加依赖于经济利益期望的实现程度，创业者需要足够的财力与信心才能做出创新决策。因此，生产性创业在家庭经济利益期望实现程度与企业成长之间具有显著的传染效应。当生产性创业在经济利益期望与新创企业成长之间的中介效应相对非常显著时，其在非经济利益期望与新创企业成长之间的中介效应就被吞噬了，因为生产性创业的作用机制对于经济类期望更为敏感。

4.3.3 制度环境感知的调节效应检验

为了检验制度感知在生产性创业与新创企业成长关系之间的调节效应，本书在原先模型的基础上增加了模型（5）和模型（6）。表4.5显示，制度感知对新创企业成长具有显著的正向效应（M5，β=0.096，p<0.05），证明对外部制度环境越有信心时，新创企业成长的可能性就会越高。在加入交互项之后，交互项对新创企业成长影响显著（M6，β=0.236，p<0.01），说明制度感知对于生产性创业与新创企业成长的关系具有显著的调节作用，因此假设5得到支持。

表4.5 制度感知的调节作用

	因变量：新创企业成长					
	(1)	(2)	(3)	(4)	(5)	(6)
常数项	17.703*** (2.149)	14.515*** (2.005)	8.489*** (2.072)	4.907* (1.917)	4.225* (1.937)	4.134* (1.941)
1. 控制变量						
性别	1.047* (0.493)	0.973* (0.448)	0.689 (0.417)	0.976* (0.376)	1.032** (0.374)	1.037** (0.375)
年龄	0.107 (0.222)	0.145 (0.202)	0.128 (0.190)	0.043 (0.171)	0.070 (170)	0.083 (0.171)
专业	0.130 (0.190)	0.097 (0.173)	-0.022 (0.162)	-0.060 (0.145)	-0.094 (0.145)	-0.098 (0.145)
学历	0.541 (0.315)	0.366 (0.288)	0.265 (0.268)	0.282 (0.240)	0.274 (0.238)	0.286 (0.239)
创业教育经历	-0.020 (0.278)	0.002 (0.252)	-0.008 (0.237)	-0.156 (0.214)	-0.165 (0.212)	-0.180 (0.213)
企业所在地	0.120 (0.333)	0.236 (0.304)	0.162 (0.291)	0.152 (0.261)	0.052 (0.264)	0.041 (0.265)
员工数量	0.051 (0.298)	0.131 (0.271)	-0.026 (0.252)	-0.213 (0.227)	-0.234 (0.226)	-0.256 (0.228)
成立时间	-0.114 (0.281)	-0.261 (0.259)	-0.193 (0.241)	0.037 (0.218)	0.059 (0.217)	0.066 (0.217)
所属行业	-0.130* (0.062)	-0.110 (0.057)	-0.122* (0.053)	-0.049 (0.048)	-0.041 (0.048)	-0.046 (0.048)
行业经营水平	-1.879*** (0.341)	-1.958*** (0.310)	-1.379*** (0.301)	-1.086*** (0.272)	-1.047*** (0.271)	-1.023*** (0.273)
环境不确定性	2.113*** (0.282)	1.572*** (0.286)	1.553*** (0.269)	1.555*** (0.241)	1.485*** (0.242)	1.465*** (0.244)
2. 自变量：家庭经济利益期望						
经济收入期望		0.365*** (0.068)	0.328*** (0.066)	0.274** (0.061)	0.185* (0.060)	0.166* (0.061)
生活富裕期望		0.377*** (0.064)	0.309*** (0.083)	0.171* (0.075)	0.160* (0.075)	0.152* (0.073)

续表

	因变量：新创企业成长					
	(1)	(2)	(3)	(4)	(5)	(6)
3. 自变量：家庭非经济利益期望						
社会地位期望			0.031 (0.081)	0.042 (0.072)	0.049 (0.072)	0.032 (0.110)
愉悦情感期望			0.239** (0.086)	0.201* (0.077)	0.155 (0.080)	0.142 (0.082)
权力期望			0.057 (0.114)	0.082 (0.104)	0.063 (0.103)	0.032 (0.110)
追求卓越期望			0.236* (0.120)	0.088 (0.109)	0.052 (0.110)	0.040 (0.111)
4. 中介变量：生产性创业						
生产性创业				0.332*** (0.044)	0.347*** (0.044)	0.336*** (0.0470)
5. 调节变量：制度感知						
制度感知					0.096* (0.049)	0.108* (0.051)
6. 交互项：生产性创业×制度感知						
生产性创业×制度感知						0.236** (0.164)
样本量	246	246	246	246	246	246
R^2	0.334	0457	0.543	0.635	0.641	0.649
调整后 R^2	0.303	0.427	0.509	0.606	0.611	0.615
ΔR^2	0.334	0.123	0.086	0.063	0.006	0.008
F 值	10.677***	15.032***	15.966***	21.918***	21.231***	22.176***

注：①括号内为标准误，*代表 $p<0.05$，**代表 $p<0.01$，***代表 $p<0.001$，双尾检验；②表中回归系数均为非标准化回归系数。

为了更加清楚地解释制度感知的调节效应，如图 4.3 所示。结果表明，当企业家对于制度环境信心比较大时，创业者谋求新创企业成长的可能性总体要显著高于对制度环境信心小的情况。在制度环境完善的情况下，随着生产性创业的增多，创业者更加倾向于新创企业成长。因为生产性创业的成本有可能造成创业者的承诺升级，更加愿意继续推动企业的成长，制度感知的调节作用比较稳健。

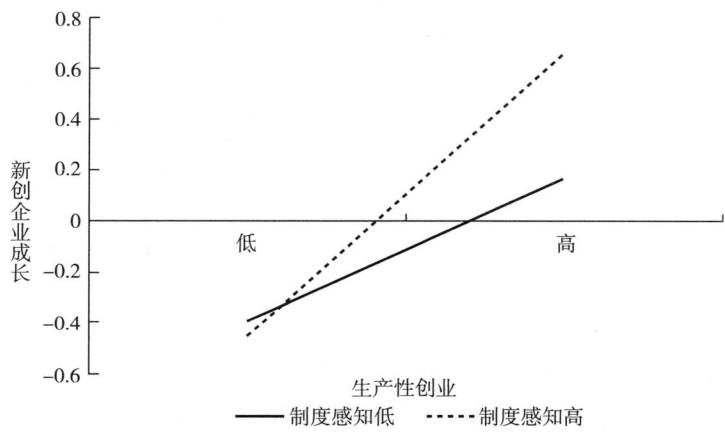

图 4.3　制度感知对生产性创业与新创企业成长的调节作用

4.4　研究结论与讨论

4.4.1　研究结论

鉴于新创企业成长决策行为具有目标导向性，并且深受其家庭目标和期望的影响，以及家庭企业内部目标和期望参考点设定的复杂性，本书基于参考点理论、企业行为理论以及家庭企业研究的相关文献，提出了"家庭期望"的理论构念，以"家"作为一个分析单元检验了家庭期望实现程度与家庭企业家新创企业成长之间的关系，及生产性创业在其间的传导效应，进一步检验制度感知在生产性创业与创新之间的调节效应。

第一，家庭企业创业者以及家庭具有多重期望目标。家庭期望的形成是创业者及其家庭成员长期生活在一起，通过互相沟通与交流以低成本达成相同目标的结果，受到家庭特征、企业因素、产业特征、利益相关者的目标以及外部宏观环境的影响。家庭期望的形成和发展具有动态性特征，是一个弹性期望水平的概念，根据家庭和企业发展的不同阶段进行不断调整。家庭期望是影响家庭企业行为并决定家庭企业性质的重要因素，或者可以说，根源性的因素是其经营的目标、价值观，因而从家庭企业目标或者期望视角探讨创业退出具有理论现实意义。本书通过扎根研究等一系列方法发现，中国家庭企业主在经营过程中非常关心的家庭期望主要是家庭经济财富、家庭社会声望、家庭团结和谐以及人丁兴旺的实现。

第二，家庭经济利益期望实现程度对新创企业成长有显著正向影响，即家庭经济财富期望实现程度达到理想水平时，企业家更加倾向于新创企业成长。很多学者认为，导致企业家继续新创企业成长的因素是企业家个体特征的作用，如价值观、风险承担能力、自我效能等，而很少关注创业家庭的影响。本书认为，家庭经济财富实现程度越高，企业家越有可能倾向于新创企业成长。因为家庭经济财富期望的实现解决了创业者对于家庭生活经济负担的后顾之忧，有更多的财务资源投入到创业项目和不同的创新活动中，提高了企业家对于创业失败的风险承担能力。家庭经济财富期望较高的实现程度增加了企业家继续创业的自信心，假定创业收入是家庭收入的重要来源之一，前期创业活动的经济回报是企业家经营企业能力最直接的体现，企业家更有信心通过企业经营创造更多的经济财富，因此会更倾向于新创企业成长。反之，家庭非经济利益期望（包括社会声望、团结和谐以及人丁兴旺的实现程度）对新创企业成长影响并不显著，然而这和新创企业成长的衡量方式有关。本书研究结果表明，若只探讨企业家对于其管理权和控制权的坚持,家庭经济财富期望是一个最重要的参考点。当新创企业成长的衡量考虑到传承意愿时,非经济利益期望参考点显得更为重要,社会声望和人丁兴旺的实现程度对于企业家传承意愿有显著的正向影响,而经济财富期望的影响并不显著。对此一个很重要的解释是,企业家对于管理权和股权的坚持是理性决策。相比家庭非经济利益期望的激励,家庭经济财富期望的实现更加有驱动力,因为很多企业家建立企业的初衷就是创造更多的经济财富。而家庭创业者的传承意愿受到非理性因素的干扰,由于情感依附和社会情感财富需求的存在,经济利益期望参考点的意义被削弱了。由于利他主义的存在,家庭创业者通常具有传承的意愿,家庭非经济目标的实现程度对于其坚定传承意愿具有积极促进作用,更加倾向于新创企业成长。

第三,大多数研究对于家庭企业是否倾向于风险规避一直都没有定论,有学者认为家庭企业为了保障稳定的家庭收入以及保存社会情感财富等,倾向于减少风险投资,如创新活动等。也有研究表明,家庭企业有跨代经营意愿,具有长期的目标导向,而创新活动的成果可以为企业带来长期收益,因而家庭企业更有可能创新。本书认为,当家庭经济财富期望实现程度较高时,企业家倾向于选择生产性创业,并且可以激励其继续创业,即生产性创业在家庭经济利益期望与新创企业成长之间具有传染效应。对于家庭企业而言,虽然生产性创业具有高失败的风险,但其收益是长期的,也符合家庭企业长期发展的意愿,尤其是当其家庭经济利益期望实现程度较高时,财务资本的富足可以允许其试验失败或者投资失利,提高了风险承担能力。

第四,创业活动通常受到不同因素制约,如企业文化、资源以及外部环境等,其中外部环境是创业导向研究的重点,尤其在经济转型国家,制度环境是制约创业持续力的关键因素。本书证实,企业家制度感知对生产性创业与新创企业成长关系具有调节作用,企业家对外部制度环境信心越大,创业者选择新创企业成长的可能性越显著高于制度不完善情境下选择新创企业成长的可能性。如果创业者认为企业所处的环境法律制度比较完善,生产性创业的成果如专利、技术等可以得到有效保护并能为企业带来持续竞争力,那么创新活动投入越多的企业家越倾向于新创企业成长和继续创新。

4.4.2 理论和实践意义

第一,本书根据企业行为理论和社会情感财富理论等提出了"家庭期望"的理论构念,以"家"为一个重要的分析单元,将经济目标和非经济目标同时纳入"家庭期望"范畴,丰富了企业行为理论与社会情感财富理论的研究成果。企业行为理论认为期望水平是个体决策的重要参考点,企业决策者根据比较真实经营业绩和其期望水平之间的差距来决定是否要进行战略变革或者采取冒险性活动等战略行为。大多数企业行为理论研究模型只以企业财务绩效指标作为衡量得失与否的经济参考点,并没有考虑到非经济利益参考点在企业行为决策当中的作用。另外,家庭企业研究者强调非经济类目标的重要性,如情感收益与情感成本、家庭和谐、家庭控制权、家庭凝聚力以及家庭忠诚等。其中代表性的观点是Gomez-Mejia等提出的损失规避假说(Loss Adverse),认为与家庭所有权相关的社会情感财富是家庭企业衡量获得和损失的重要决策参照点。然而最近的研究表明,家庭企业如果过于强调社会情感财富作为坚持家庭控制或其他行为决策的重要依据,而忽略企业本身经营财务业绩的威胁,是相当危险的。虽然社会情感财富为解释家庭企业异质性和行为决策提供了理论基础,然而只以非经济利益参考点作为决策依据仍有失偏颇。在政治经济学和经济学研究中,利润最大化是最基本的重要假设,虽然家庭企业异质性决定其对于非经济目标的关注,但经济目标的实现对于控制家庭来说仍是相当重要的,因为企业经营绩效往往和控制家庭收入密切相关。因此,将非经济目标与经济目标参考点同时纳入"家庭期望"的构念,进一步丰富了社会情感财富理论相关的研究。本书还放松了早先研究只是简单把社会情感财富等非经济利益参考点设定为"有/无"状态的假设,将家庭期望设定为可变的连续状态,进一步丰富了企业行为理论和行为代理理论相关研究。

第二，不同于其他学者以企业家个体、企业或者产业与宏观的环境作为分析对象，本书以创业家庭作为分析对象，以家庭期望作为探讨新创企业成长或退出的分析单元，这在一定程度上进一步丰富了有关创业退出和新创企业成长的研究成果。基于创业学文献，大多数研究都以个体特征如性别、年龄、受教育水平、创业经验、性格，企业经营状况如财务绩效、外部经济、政策、国家文化等来解释企业家坚持或者退出创业决策的前因，而忽略了创业家庭的影响。家庭性资源是创业活动的基础，离开控制家庭谈创业是有偏颇的。本书以家庭期望作为影响企业家新创企业成长的前因分析，可以进一步丰富创业学领域的文献。

第三，本书探索了新创企业成长的不同内涵，早先的研究如 Detienne 认为创业退出主要体现在三个方面，包括管理权退出、出售企业与关闭企业，而家庭企业中管理权的退出涉及家庭企业的传承问题，代表企业主并没有新创企业成长和传承的意愿。本书认为，在家庭企业情境下，考虑到企业家生命和创业生命的有限性，传承意愿是其继续新创企业成长的重要表现形式，通过言传身教将企业传承给下一代是其在必须退出经营舞台时的另外一种坚持形式。所以，本书将管理权与控制权的坚持以及传承意愿作为新创企业成长的重要内涵来进行探讨，可以进一步丰富新创企业成长的研究，也可以帮助读者更好地理解影响新创企业成长的作用机制。

第四，本书探讨了企业行为决策，即生产性创业在家庭期望与新创企业成长中的传导机制，剖析了家庭期望与新创企业成长之间的路径，丰富家庭企业的异质性研究以及企业行为理论中有关风险承担的研究。本书认为，较高的家庭期望实现程度可以激励企业家加大生产性创业，从而鼓励企业家继续新创企业成长。

第五，本书探讨了制度环境因素在冒险行为决策与新创企业成长之间的调节效应，将外部制度环境与新创企业成长的研究联系起来，揭示了企业家制度感知与新创企业成长之间的内在联系，突出中国转型制度背景对企业家创业持续力的深刻影响，对相关政策研究者而言具有一定的参考意义。

4.4.3 研究的不足与展望

本书将家庭期望的构念纳入新创企业成长的研究模型，进一步丰富了参考点理论及家庭创业的研究，但仍存在一些局限性：

第一，本书对家庭期望的各个维度进行分解，可能在一定程度上破坏了家庭企业目标的系统性，虽然相对而言，创业家庭的经济目标和非经济目标在较大程度上可以进行分离，但各个家庭目标之间可能会互相影响，造成企业家决策的困难。本书并没有充分检验家庭期望四个因子之间的互相作用，这无法深刻剖析和解决企业家如何在各个家庭期望中选择决策参考点的问题。之后的研究可以关注家庭期望不同维度之间的互相作用和影响，更加清晰地揭示影响家庭企业行为的影响机制。

第二，由于时间和资源的有限性，本书在实证方法上存在一定的局限性。本书只选取了家庭企业主作为问卷调研的被试对象，并没有考察其他控制家庭成员对于家庭期望水平的测量，可能一定程度上造成家庭期望水平参考点在测量上的偏差。未来研究可以以控制家庭核心成员作为调研对象，综合各个家庭成员的评定来确定家庭期望的水平，弥补家庭企业主单独填写问卷的不足。

第三，本书只采取了横截面研究，没有办法观测到家庭期望在不同阶段的变化以及动态性。未来的实证研究可以采取多案例分析、纵向研究，对控制家庭进行长时间跟踪和记录，更加深刻地剖析家庭期望的内涵。

第四，新创企业成长的测量局限性问题。现实中有的企业家可能在退出这个经营领域即出售或关闭其创办的企业后，选择重新创业进入新的领域，本书并没有办法观测到这种类型的新创企业成长。创业退出的过程有可能并不是简单结束创业者经营的意愿，如何清晰界定创业退出和坚持行为也是未来研究需要探讨的重要议题。

第五，本书只考虑制度感知在生产性创业与新创企业成长之间的调节作用，并没有进一步检验制度环境在家庭期望与生产性创业之间的调节作用。未来的研究可以进一步探讨家庭期望与生产性创业之间的情境机制，进一步丰富"家庭期望—生产性创业—新创企业成长"的模型。

第 5 章　案例分析

5.1　刘畅家庭期望与新希望企业成长

5.1.1　刘畅家庭期望、家庭文化与企业精神

刘畅,新希望集团董事长刘永好之女。刘畅目前持有希望集团 36.93% 的股份,进而间接持股新希望和民生银行两家上市公司,还担任着新希望集团旗下非上市公司四川南方希望的董事长。2009 年胡润女富豪榜,刘畅以 81 亿元财富居第 14 位,是四川唯一上榜女富豪。2013 年,刘永好正式宣布不再担任新希望六和董事长,2013 年 5 月 22 日刘畅成为公司第六届董事会董事长。这传递了一个非常明确的信号——接班。这个之前被小心保护起来的"80 后"富二代,因为家族财富和他父亲的光环,引起了广泛的关注。

与所有企业二代一样,刘畅也要面对无比强大的父辈,这让她一度无所适

从。"我一直不知道自己算不算优秀的孩子,即使人家说你已经很棒了。"但是在过去三年里,通过与公司团队的磨合,刘畅逐渐找到了状态,而自信的来源之一,则是因为自己的家庭。刘畅自己也明确觉察到了这种转变。"我知道是一对双胞胎的时候,知道小孩真的是这么奇妙地诞生的时候,眼泪控制不住就流下来了,感觉像是触了电,忽然间连接上了上苍。这不是靠脑子想出来的,就是一下子从身体里面反应出来的,原来这一切都是这么自然而然。""我以前老是纠结于,我有一对这么强大的父母我应该怎么办才好呢?老是觉得我要成为别人眼中的谁。但他们的来临让我觉得,其实这些都是命中注定的,这就是我,我应该是我自己。只要我能够做到最好的我自己,那么我就对任何人都有交代了。所以我觉得好像自己突然间就特别心安了,之后就什么都从容多了,生命真是太奇妙了。"刘畅说,"这个幸运是老天给的,不是因为你是富二代、你有个很厉害的老爸。"

刘永好在接受采访的时候对女儿的评价一直很高,他曾经公开说:"在企业家的孩子里,她算是一个小小的意见领袖,号召力很强。内部员工对她也很认同,因为她情商特别高,而且很拼搏、很努力。我认为只要她热爱,有比较好的情商,再加上有好的基础,要做成做好是完全可以的。她比我有优势的一点还在于她国际化水平比较高,因为接受过海外教育。"

刘畅说自己也叛逆过,但现在她认为父母给了她很好的底线,比如自己挣钱之前只能坐经济舱,18岁之前不能面对媒体,以至于刘畅小时候还用过一个跟随母亲姓氏的名字。"有了一个底线,我会逐渐学会怎么做一个有平常心的人。"在她眼里,如果说自己的父亲喜欢"干活儿",只是因为工作的成就带给他激情,刘畅认为现在年轻人追求的是职业荣誉感:"我不在意说我是养猪的,我就觉得,我参与的这件事情,不仅是在改变农村的经济面貌,同时也在参与城市的消费升级,这是一件很伟大的事情。"在被问及觉得自己从父亲身上学到的最重要的东西的时候,刘畅坦言:"父亲那一辈从艰苦中创业,直到今天,经常有人说他越活越年轻,我觉得从他们身上学到最重要的一点就是保持激情,坚持不懈,另外,不断学习、持续进行自我改造很重要。"而在被问及是否有想过怎样才能比父母他们更优秀时,刘畅则淡定宣称最重要的是能够把优秀的文化和智慧传递下去。

在有关企业的传承与颠覆的圆桌论坛上,刘畅表示,作为一个企业家,作为一个所谓的成功的人,觉得最重要的是拥有企业家的精神,如果我们仔细观察的话,在一个企业当中不一定只有企业主才有,在很多职业经理人身上也有,可能在一个司机身上、秘书身上都有,他自己带有这样的激情,可以感染周围的人,可以带领团队,这样的企业家精神不一定企业家有,不见得"60后"有,"70后"没有,"70后"有,"80后"没有,这跟年龄完全没有关系。"我从父辈身上学到什么最多呢?我想是一种心态,我认为是看待事情的心态。你用什么样的角度去理解困难,用什么样的角度去理解财富,你用什么样的角度去体会金钱,我觉得这些心态可能是从他们身上学到最有价值的东西。"刘畅还表示,就个人感觉,她走过很多长长久久的家族企业,无论是欧洲还是亚洲,她发现最难能可贵是传承一种激情,真正的百年老店是永葆激情的。仿佛是我们人类最想追求最神秘的东西——是什么把激情一直持续下去,做企业是需要一个持续的激情的。她认为,谁能够保证激情存在,谁就会做一个比较好的传承者,这是最基本的素质。

而谈到为何会选择继承家族企业,刘畅表示:"其实我妈妈一句话把我最后劝动了。她说你爸爸一直创业,父女俩难得见面,你很小就出国了,回国后又到外地工作,现在你自己能赚钱了,能养活自己了,你又要搬出去住,自己创业。你算算我们一家人能住在一起,待在一起多长时间?说完之后我妈说,你试试回去工作,把公司当作一个家来看,你把在公司里跟你爸爸相处的日子当作是你在家里孝顺他,你换一个角度处理关系。至少我们一家人可以多一点时间在一起,最后劝动我的是这句话,我决定回公司工作。对于我来说,这是把情感、家庭还有能力综合在一起的解决方案,所以我选择了这条路。"

在被问及作为一个新生代的企业家,自身有一些什么样的特点,从上一代企业家身上学到什么或者是传承到什么的时候,刘畅说:"无论是从年龄上还是从称谓上来讲都很年轻。前两天我刚刚接受新加坡的联合早报采访,记者问了我同样的问题,作为一个'80后'企业家,你认为这代的企业家跟你父亲这代的企业家有什么不一样?你们还有他们同样的特质吗?你们还懂得吃苦耐劳吗?我说我觉得没有什么不一样的。我觉得,作为一个企业家,作为一个所谓的成功的人,最重要的是拥有企业家的精神,如果我们仔细观察的话,这种精神在一个企业当中不一定只有企业主才有,在很多职业经理人身上也有,可能在一个司机身上、秘书身上都有,他自己带有这样的激情可以感染周围的人,可以带领团队,这样的企业家精神不一定企业家有,不见得'60后'有,'70后'没有,'70后'有,'80后'没有,这跟年龄完全没有关系。"

刘畅自称从父辈身上学到最多的是一种心态,是看待事情的心态。该用什么样的角度去理解困难,用什么样的角度去理解财富,用什么样的角度去体会金钱,这些心态可能是从他们身上学到的最有价值的东西。很多长长久久的家族企业,无论是欧洲还是亚洲,她发现最难能可贵的是传承一种激情,真正的百年老店是永葆激情的。仿佛是我们人类最想追求最神秘的东西——是什么把激情一直持续下去,做企业需要一个持续的激情。她认为,谁能够保证激情存在,谁就会做一个比较好的传承者。作为富二代,刘畅不缺钱,但内外各个方面的心理上承受的压力真的不比上一代低。

5.1.2 刘畅家庭期望、创业决策与企业成长[①]

在中国消费升级背景下,刘畅和她的团队意识到,新希望应该以市场为导向,重新梳理自己的战略思维以及平时做事的方式。从转型的方向和时机来说,刘畅的接班可谓恰逢其时。她的父亲刘永好以及她的三位叔伯组成的著名的"刘

---

① http://money.163.com/16/0505/14/BMAECTS700253B0H.html.

氏四兄弟"以做饲料起家，提到他们，中国的消费者更容易联想到的是养猪场和养鸡场，而当企业目标转向服务年轻的中产人群的餐桌，为他们提供高端蛋白的时候，更加年轻和时尚的刘畅无疑要比她的父辈显得更有说服力。以前更多的是一个居高临下的以生产为主的大商家，但现在要变成一个服务者，给养殖户提供饲料服务，饲料从以前的盈利的要素变成了生产的要素。2011年，新希望股份有限公司进行资产重组，重组后的新希望六和股份有限公司包括新希望农牧、六和集团及上市公司原有农牧三块资产，当年以700亿元的年收入规模，一举成为国内最大的农牧企业。不过到今天，它的收入一直在700亿元规模上下徘徊。"在中国居民消费升级以及O2O变得非常火热的关头，我们也希望新希望六和在其中可以有一席之地，我们要做一个拥有变化的基因的公司，我觉得这是做百年长青基业的基本要素。"

"我父亲的时代要做饲料大王，而现在，新希望六和要做的是一个现代农业综合服务商。"刘畅解释，这包括前后两端：前端是服务好农户，后端则是服务好餐饮客户——消费者。在前端，新希望建立起"公司+家庭农场"等方式的养猪模式，要成为中国最大的鲜肉和肉制品供应商。于是就有了收购国内唯一拥有PIC种猪资源的本香农业70%股权的交易。本香农业成立于2001年5月，主要业务为生猪养殖。从原料供应考虑，2015年10月，新希望收购美国蓝星贸易集团有限公司20%股权，成为后者第二大股东。蓝星是美国特拉华州的一家独立的大宗商品贸易企业，成立于1922年，是北美地区居区域性领导地位的粮食及大宗商品贸易商，业务主要聚焦在粮食贸易、饲料原料贸易、能源产品贸易三大板块。在面向终端消费者一端，新希望已经拥有西南地区市场份额第一的美好火腿肠、2008年奥运赞助商身份的千喜鹤肉类、久久丫，以及嘉和一品中央厨房。此外，它还分别在上海和成都等五六个城市成立了美食发现中心和美好美食厨房，研究如何向餐饮企业甚至个人消费者提供标准化的产品。"现在我们已经可以把佛跳墙、国宴菜式标准化，我们希望能把从高端的国宴到大众化的麻婆豆腐和回锅肉这样的菜也都标准化。"

而现在新希望面向公众强调比较多的，则是其近年来在面对消费者的高端动物蛋白领域所做的布局，除了牛肉，新希望还收购了澳大利亚的一个大型牧场，成立了澳大利亚第一大乳业加工企业，他们认为，优质蛋白比如牛羊肉、海鲜等资源中国比较少，需要通过收购来实现。新希望就是去全世界找最好的牛羊。这种面向两端的转型意味着新希望对外的收购还会继续。"一类是与我们的资源形成互补的，比如海外的原料；一类是有渠道有品牌的公司。"对新希望六和来说，转型只是初见雏形，目前还只是开始。

对于家庭企业治理与企业成长，刘畅认为现代管理制度、能力和亲情都是选择的因素。"要靠治理，要靠现代化的管理制度。公司外部环境让我们遭受了历史的断层，未来我们会建立起很好的法治社会、金融社会，以保护我们的资产。你的精力跟他分离，这是家庭的做法，我觉得并不矛盾。"对于企业成长战略，刘畅分享了一个经历：她曾经去山西平遥看晋商的老宅子，看到银号票号等。看过这些老宅子以后，她忽然觉得在 EMBA 读的课程都是"盗版"的，她告诫大家千万不要迷信洋人，不要迷信所谓的洋文化。所谓的管理智慧在一千多年前我们老祖宗就有了，甚至比现在的 EMBA 总结得还要多，还要精华。她让自己永远不要迷信，永远要相信自己有可能颠覆。

5.1.3　刘永好家庭期望与企业传承①

刘永好，生于 1951 年 9 月，四川成都人，祖籍重庆市沙坪坝区曾家乡。毕业于四川工程职业技术学院，大学文化，高级工程师，四川首富。2018 年 11 月，刘永好入选 100 名改革开放杰出贡献对象；2018 年 10 月，入选中央统战部、全国工商联《改革开放 40 年百名杰出民营企业家名单》。现任新希望集团有限公司董事长、新希望投资有限公司董事长、希望集团有限公司总裁、四川新希望农业

---

① 资料来源于《第一财经日报》（上海），2014－06－17。

股份公司董事长、山东六和集团有限公司董事长,民生人寿保险股份有限公司监事长,全国政协委员、全国政协经济委员会副主任。刘永好先后荣获中国十佳民营企业家、中国改革风云人物、中国十大扶贫状元、中国企业管理杰出贡献奖以及美国《商业周刊》评选的"2000年亚洲之星"、2004亚太最具创造力华商领袖。刘永好、刘永言、刘永行和刘永美被世人尊称为刘氏四兄弟。2018年10月,刘永好家族以380亿元财富排名2018年胡润百富榜第62位。

中国改革开放40年来,像刘永好这样比较早就开始创业的企业家,年龄都比较大了。尽管身体还可以,状态也不错,但是刘永好觉得人总会老去,更重要的是思想也会老去。刘永好及其家庭留给女儿刘畅的不仅仅是位置与权力。在刘永好看来,"刘畅就是一个人,而且是一个女孩,学历比我高得多,英文比我好得多,走的地方也不比我少,而且她新鲜事物吸收得也比较多,我最认同的是她的沟通能力。有人说她接了新希望六和董事长一年多以来,上上下下对她非常认同,她可以跟我们的高层、中层、基层沟通,大家很尊重她、认同她,她的沟通能力是足够的,这是最重要的。她热爱我们的事业、我们的公司、我们的产业,这可不是天生就有的"。

10多年前,刘畅从美国回来,刘永好带她到工厂去,她去了一次,第二次怎么都不去了,她说养猪厂是臭的,不太喜欢养猪的产业,不太喜欢饲料业和食品业。刘永好没有强制她。过了一段时间,刘永好说公司乳业发展得不错,建议她是不是可以来锻炼一下。后来她说公司里面没劲,她到外面去。她和小伙伴一起在北京搞了一个广告公司,这个广告公司走了很多地方,也给很多著名公司做策划、宣传和推广,慢慢地,她对市场增加了认识。然后再回来,通过这样不断地公司内、公司外、市场上、学校、国内、国外慢慢进步、成熟。几年前,刘永好又问她是否愿意做点事,刘畅表示愿意。

家庭企业如何成长、如何传承,尽量不要迷恋一些传统的管理办法,传统管理方法是没办法的办法,而今天要更多应用现代的手段、技术,尽可能信息化,所以刘永好提出,"我们的信息化要不断地进步。12年前我们搞了信息化,结果过了几年就落后了,然后再调整。不管怎么样,我们在一年多以后要达到全行业最好的信息化,当然要投很多钱,但这是传承必要的一种办法。要学会放弃,放弃一些落后的管理方式、落后的商业模式。传承不仅是要保留一些好的东西,还要敢于舍弃抛弃一些旧的、不合时宜的东西"。

而家庭企业成长与人才队伍的建设密切相关,企业成长离不开企业精神的传承。对于如何传承,刘永好认为:"企业成长的关键是人的传承,我们要培养一大批的人,而且早做准备,不断培训,不断在不同岗位培训,包括干部的年轻化、专业化,现在已经有相当一部分人在这种体系当中了。我举一个例子,十年前,我们看到了蒙牛、伊利在乳业方面做得相当不错。我们做饲料的,也生产奶牛饲料,我收购乳业,短期内收购了十几家乳业企业。当时想得很简单,收购之后,利用它们的品牌,我们给它们支持、帮助它们,应该很快就起来了,但没有想到这么困难。因为每一个企业都有一两千人,每一个企业都有家人、朋友等根深蒂固的关系,每一个企业的总经理、副总经理都超过十个,你动一个都不好动。人的调整是最难的。经过了三五年的努力,才慢慢地调顺。最后我们下决心,从内部调整,在公司里干了十几年的一个年轻人,这个年轻人很懂市场、很懂管理、很懂农村,给他机制、给他信任、给他办法、给他措施、给他权利、给他支持。他提出三年规划,三年要大变样,三年过去了,现在第四年,发生了质的变化。就是这些人,几乎没有引进新人。我们原有的总经理几乎都调整了。竞聘上岗,红牌、黄牌制,干得好奖,干不好罚。在这个位置上传承要做到:第一,充分地授权、充分地信任他;第二,有强有力的激励机制;第三,要制定目标,考核和奖惩相结合;第四,要从上到下帮助他们,支持他们形成一个氛围。另外,信息化要坚决地跟上,只有这样我们才可以进步和发展。"

最近几年,中国社会出现了大量的接班问题,但真正可以接好班的并不多,国外也有富不过三代的说法。在家庭企业成长问题上,家庭期望与家庭文化、家庭精神传承上,刘永好更重视精神的传承而不是物质的传承。刘永好及其兄弟成功创业给子女的成长带来良好的家庭氛围,家庭沟通与交流能够改变家庭成员的观念。原来刘畅对新希望的产业看不上,觉得太土了,她喜欢时尚,这种观念是会变的,刘永好让她懂得更多接触更多,了解社会、了解市场,这个时候她自然而然会热爱企业所处的行业。正如刘畅说的,无论是养猪,还是做时尚,都是一样的。她经常参加各种活动,别人问她干什么的,她都说是养猪的,其实这就是一个变化。家庭企业的传承有精神层面的传承,精神层面的传承就是要强调做企业是快乐的、是受人尊敬的、是创造价值的。让她从心底里愿意做企业家,去担当,而不是说像很多企业家,他们家里面条件是非常好的,吃苦精神少一些,压力少一些。要传承一种价值观,就是奋斗、拼搏、创造而得到是最幸福的。

企业成长离不开人才队伍建设,新希望在选人用人上希望找到有能力的年轻人,以替代那些老资格的人。对于人才队伍,刘永好提到他的一个朋友:"他说要做家族企业,他原来有一个总经理,说要增加一倍的薪水,他说不行,不行就走吧。总经理说要走的话,我箱子里有很多的资料,你敢不敢看,结果把他吓住了。家族企业关键是一开始就很公开、透明、规范,你没有两本账就不怕,当你有两本账的时候,他有第三本账,当你查的时候,他就威胁你。当你规范的时候你就什么都不怕。另外,你要有正确积极的机制,你要让这些人感觉到,他出去干不见得比在你这里干好,你要给他信任、给他激励、给他支持、给他约束。人流动是肯定的,30年了,现在我们公司近10万人,在公司工作过出去的人超过30万人,但其中有相当一部分人在我们公司干过,然后又出去的,有几十个人成为了亿万富翁,我感到非常高兴的是,我们出去的这些人绝大部分都说我们好,我很骄傲,甚至我们建议成立一个新希望人协会,找一个时间大家聚一聚,交流一下,有什么困难、有什么问题。"

企业决策要考虑边界,创业决策要把握方向。把握机会很重要,但新希望靠的是阳光、正向、规范。"应该做的我们做,不应该做的坚决不做,不要搞乱七八糟的事。你没有的时候,你是无产阶级,我们丢掉的是坛坛罐罐、是枷锁,得到的更多,拼搏一下值。但是当你有相当规模的时候,你再去'拼'就太不值了。阳光、规范、正向,我要求自己这样,要求自己的员工也这样,我们从来没有做过两本账，用人也很规范。在这个问题上，要规范管理。我们从不做行贿受贿的事，也要求下面的人不能做，不值得。我的企业虽小一点，发展得慢一点，但是我们不贪不占不拿。另外，保持好的心态，要身心健康。我时刻保持准院士的状态，你要时刻地告诫自己，反而可以基业长青。"

对于企业成长战略，新希望的主业是传统的农业，但新希望也从事多元化的投资，比如说房地产、化工等。对于主业与多元化战略的关系，刘永好认为，主业与多元化战略并不是对立的，是可以融合的。"传统西方教科书都讲企业一定不要走多元化，走多元化精力分散容易死去，我认同这个观点。但是，当一个市场经济涉及的是一个还不够健全的区域时，也许就不完全是这样的。今天，整个钢铁业都不景气，做钢厂几乎都亏损，但宝钢好一些，还可以赚钱。我问了宝钢的人是怎么赚钱的，他们说钢不赚钱，金融赚钱，他们做了很多金融投资，因为他们有很多钱。看来有限的多元化还是有用的。一个行业不景气的时候，至少还有生存的余地，而不像有一些人，企业刚一不行，就只能跳楼。在转型期、在变化中、在市场经济还不充分的情况下，适度多元化是有可能成功的。最近，有一个中国医疗健康产业策略联盟成立了。国家提出医疗改革，这是一股改革的春风，而在这个行业的民营先驱者们，他们在市场经济大潮当中拼搏了二三十年，现在逐步做强做大。但如果他们企业的规模还不够大，这样的情况怎么办？我们成立了一个中国医疗健康产业策略联盟，大家团结起来，我们和他们没有竞争，我们不办医院，但我们有影响力、有实力，我们可以帮助他们，于是有一批福建民营医院老板就参与到其中。成立了联盟，开始办大学，开始提升我们的管理水准，提出了一系列的措施、办法、手段。我们做了很多投资，实际上这对这些产业是一个提升，对老百姓是好事，给他们也带来了很多好的投资机会。"

在互联网时代，家庭企业如何谋求成长，刘永好认为，机会给的是有准备的人，新希望搭建的餐饮平台，其目的不是为了更好地投资，而是要促进这个产业的进步和发展。当然，新希望真正为他们服务，给他们创造价值的机会，这个机会反过来使企业的投资机会也有了。互联网精神是让用户的体验达到极致，反过

家庭期望、创业决策与新创企业成长：影响机制及实证研究

来让他依赖你，形成黏性。"有不断的创新、不断的变革，从而始终在潮头，这是互联网精神，我觉得就是这样的。接下来我们会做一个餐饮联盟，中国的餐饮企业有几百万家，都有相当的规模，但是比较分散，如何帮助他们克服食品安全的问题，产业链供应链的问题，怎么样提升管理能力，得到市场认同，怎么样在品牌上进行提升，这是一个大学问。我们用一种新的手段、新的措施，用服务的理念来凝聚大家，我相信会成功的。"

5.1.4 刘畅家庭期望与企业成长案例分析

家庭期望、家庭文化、家庭精神等与企业文化、与企业同在，自企业诞生日起，就存在企业文化、企业精神等现象。每个企业的企业文化都因行业、创始人风格、地域文化等不同而各有千秋；而家庭企业则因为家庭期望、家庭文化与家庭精神更具有异质性。新希望集团地处古代的蜀国大地，从农村小作坊起步，不仅深受西蜀文化的影响，而且具有自身独特的文化内涵。刘氏兄弟自 1982 年以农业养殖起家，经历了市场经济的千锤百炼，走过了风雨兼程的创业路，成就了新希望集团如今辉煌的景象。已经 60 多岁的刘永好，在中国民营企业界，算是年龄比较大、比较资深的企业家，其家庭文化与家风，以及对子女的期望等话题，也一直是很多企业家和公众关心的。刘永好说，好的家规就是要在家庭中形成一种爱心氛围、爱家人、爱社会，要有社会责任，有担当。这种家规，不仅体现在刘永好一家的行为上，也在企业传承中得到了充分体现。在首次谈家风家规时，刘永好就强调了"爱家人、爱社会，有责任、有担当"。"我觉得好的家规就是要在家庭中，形成一种爱心传承，要爱家人、爱社会，要有社会责任、有担当。"刘永好如此归纳自己的家规。

实际上，刘永好的家规在无形中影响着他的家人。他的太太带领"上海爱心树生命教育组织"，有近 200 名全职妈妈，七八年来风雨无阻，每天在上海 30 所中小学校、22 个街区免费教授生命教育课程，社会好评不断，获得一个

个公益组织大奖,而刘永好已为大众所熟知的女儿刘畅,也发起了自己的公益项目。刘畅和一帮北大校友搞了个"光明行"行动,每年都要去四川甘孜、阿坝以及甘肃等地区,给那里的白内障患者提供治疗,让他们重见光明。已经担任新希望六和董事长,并多次登上女富豪榜的刘畅,作为刘永好的女儿和接班人已经广为人知。此外,刘永好还有一个小儿子,目前在国外读书,虽然年龄不大,但从小就锻炼他的责任和担当意识。"我们一家经常坐飞机出国,我坐头等舱,我儿子肯定坐经济舱。"刘永好说,这是自然而然的"现实状态,不用多说"。"他现在个头比我高了,不管我们去哪,所有的行李都是他搬。"刘永好说,儿子的英文很好,在国外出行时一切对外沟通都由儿子负责,"他一直都是家庭旅行团的团长"。谈及自己对儿子严格要求的原因,刘永好说,要让儿子从小就做一个有担当、有责任的人。"我不是一定要让他帮我拿行李,有的是人拿,但一定要让他去做一些事。"在刘永好的家规影响下,儿子对公益事业也很热心。他儿子把平时的零花钱和过年收到的压岁钱攒起来,还找了十几个小朋友,把钱凑在一起,发起了一个叫"小种子基金"的公益项目,给四川一些贫困地区的农民送万寿菊种子,帮他们种植、出售,帮助农民增收。刘永好说,儿子做的公益事业虽然很小,"但对小朋友的心灵是一种很好的教育"。在他看来,家人的爱心不仅限于家庭,能够融入社会,才是真正承担起了社会责任。

刘永好家族的传奇色彩不只体现在财富上,也体现为良好的家规传承,而这种传承也延续到了企业接班人交替上。刘畅独立担纲,最近这一年,做了很多工作,综合能力得到极大提升,这体现为员工上下对她的认同。而这种认同,靠的是刘畅个人的智慧、勤奋、决策以及对员工的关爱。自律是自主的前提,是一种自我超越、自我完善与提升的境地。企业领袖若缺乏自律精神,很难经受得住鲜花与掌声的洗礼以及物质利益的诱惑,也就难以带领团队共同成就一番宏业。所谓自律就是自己约束自己。中国正处在变革、崛起的时期,物欲纵横,花花世界,在这样的社会背景、这样的历史时期成长起来的商界骄子能够不浮躁的实在难寻。鲜花、掌声、荣誉、权利、金钱等,于新希望集团董事长刘永好而言,一样都不缺,且不比谁差,但是他能清醒地认识到,一个人在困难的时候要挺住,在鲜花、掌声、荣誉、权利与金钱包围的时候,更要保持清醒的头脑,辩证地分析与认识自己,要看到自己的优势,更要看到自身的缺陷。同是亿万身家,但他从来不显富、不奢华,吃"老三样",穿普通衣服,每天花费"不超过100元",每天工作不少于12小时等,正因为如此,刘永好深得人心,受到了员工、社会的敬重与支持,他的自律精神正是新希望集团的精神风貌的写照。

刘氏兄弟自1982年下海创业迄今为止已经20多年,不知有多少中国的企业花开花落,有多少风口浪尖上的企业家潮起潮落,但是新希望集团凭着稳健经营的企业战略,从不张扬,从不盲目扩张,靠着逐步做大产业、做优做强企业,保持了20多年稳步、协调、健康的发展,实现年年盈利。新希望集团抓好主业,优强主业,稳固基业,围绕主业,适度多元化发展辅业,以主拓辅,以辅强主,主辅并进,即固本拓源,这为新希望集团如今的健康发展指明了道路。新希望集团所从事的饲料主业是一个大产业,也是政府倡导、社会需要的"万岁产业",尽管利润低薄一些,却是一个可以持续发展的产业。新希望集团已在这个农产业中扎根十几年不动摇,做出了竞争力,扎下了坚实的根基,在这个基础上进行适度的、相关的多元化发展,为新希望集团做大做强奠定了基础。

家庭企业如何成长、如何传承,这不是简单的财产继承位置转让问题。在刘永好看来,传承的不是一个人,是一个体系、是一种制度、是一种办法、是一种未来,传承的是活力。当企业有一大群有活力且年富力强的年轻人的时候,企业不进步都难。没有激情,就没有生机与活力;没有生机与活力,企业就很难获得发展。旺盛的创业激情,对任何企业而言,都是一种优势资源、一种市场竞争力。企业充满激情与活力,员工的士气才会高昂,如此整个企业才会富有战斗力和凝聚力。中国传统文化里有"小富即安""小步即止""知足常乐"的文化元素,这些文化元素在经济全球化趋势日益显著、市场竞争日趋激烈的当今,十分不利于企业的成长与发展。在这个时代,企业发展如同逆水行舟,快进则生,慢进则退,不进则亡,时间就是财富,速度就是效益。在现今的社会环境里,企业发展是无止境的,与世界优秀企业相比,在国内即便算是大中型企业,仍然还是小企业。因此,更要居安思危,富而思进,永葆持久的、旺盛的创业激情。新希望集团刘永好董事长认为,激情对一个创业者来说是最为重要的,要生命不息,创业不止。他曾说:"我觉得,一个人生命的意义在于什么?在于他在生命的过程中,去开拓、去发展、去追求、去奋斗。在这个过程中,去感觉、去享受人生。这才有意义!"保持旺盛的创业激情,正是打造"基业长青,永续发展"的良策。

"低调、务实、严谨"是新希望集团的内在品质,也是新希望人做事的风格。做事需要高调,做人需要低调。只有如此,才能赢得更多的支持与帮助。如做事不讲究务实和严谨,就容易犯错误,不利于企业高效发展。新希望集团在管理方面,坚持实事求是的思想精髓,一贯主张精细化管理,精益求精,培植优势,健康成长;在经营方面,虽认同广告的力量,但决不搞华而不实的广告炒作和广告轰炸;在发展上,严格进行批判式的论证,不一哄而上,不盲目跟风。如此严谨务实的品质,为新希望集团优化流程、扎实基础、稳健发展奠定了基础。

创新是发展的生命线。没有创新,就等于死亡。唯有不断变革思维、创新发展,才能保持企业鲜活的生命力。新希望集团倡导不断创新和超越自我,不断转变思想,改变心态和思维,敢开先河,勇闯新路,永创新高。从养殖鹌鹑到转产饲料是创新;从推出自有专利产品填补国内空白到成长为国内主要饲料工业企业之一是创新;从兄弟内部调整摆脱家族式管理到资产上市社会化是创新;从一业为主到多元发展也是创新;从四川走向全国,从中国走向跨国发展更是创新。新希望集团的发展历史,就是一部不断创新与变革的历史。

5.2 李文达家庭期望与李锦记企业成长

5.2.1 李文达家庭期望与家庭文化

2019年2月14日,《福布斯》杂志发表2019年香港前50大富豪。89岁的李锦记集团主席李文达以171亿美元身价挤进榜单前三。1972年,李锦记第三代领导人李文达出任公司主席,拓展集团业务。90年代,在美国洛杉矶、纽约设立办事处。2010年,入选"神舟九号"航天食谱。1888年,李锦裳首创蚝油,在珠海成立李锦记蚝油庄。以"思利及人"和"务实,诚信,永远创业精神"为经营理念,以"发扬中华优秀饮食文化"和"弘扬中国优秀养生文化"为企业使命,历经多年的持续发展,如今李锦记已成为一个家喻户晓的酱料王国,成功打造出一个百年民族企业,成为中华民族企业"质量与信心标志"的国际品牌。李锦记有一套成熟的制度来保障传承,包括家庭委员会、家庭宏图和家庭宪法。家庭委员会成立于2003年,是家庭核心成员的沟通平台,也是家庭最高决策和权力机构。每个季度要开为期4天的会,每次会议由不同的人主持,主要关注如何将家庭共有的价值取向、行为准则加以正式化,以及家庭核心成员的培育等核心问题,企业的事情则一概不谈。公司董事会则主要讨论与企业运营相关的重要战略决策,二者各司其职。通过家庭委员会,李锦记确定了家庭的共同目标——李锦记家庭永续经营,代表中华民族创造历史,成为家庭企业的典范。

家族委员会由最能代表家族利益的核心成员组成——包括李文达夫妇和五名子女,未来则在关心家族事务和家族整体利益的第五代中选择新成员。李锦记集团坚持家族控股,只有具有血缘关系的家庭成员,才能持有公司股份,股东想要退出,股份由公司统一购回;董事会成员由家族委员会选择对业务有兴趣的家族精英出任,但一定要由非家族的人士担任独立董事;酱料和保健品两大核心业务的主席,一定是家族企业内部成员,家族委员会每两年召开一次会议,选定董事会及各个业务的主席,可以连任;家族关于集团控制权最大的底线是,集团董事长必须是家族成员,CEO 可以外聘。李文达注意到很多家族生意没落,完全不是因为自身能力问题,而是家族结构混乱,因此他与子女约定,违反后两条将自动退出董事会,仅保留股份,在家族委员会和企业决策中也将不再享有发言权和决策权。接班人的培养是每个家族企业最挠头的事项,李锦记家族也不例外。在李文达眼中,"公司只是家族的一部分,我们更关注家族怎么延续,家族利益至上。没有家族内部的和谐,家族企业的长久发展就无从谈起"。在李锦记,只有血缘关系才可以成为股东。李锦记觉得,一个企业有主人和没主人,是不一样的。很多西方企业,从家庭企业演变为公众公司时,路就走偏了。例如,它有很多股东、CEO,想法会不一样,他们做事时容易看短期。再比如,公司上市后,做很多事情的出发点就变了,会面临更复杂的问题,每天要关注自己的股价,月底向银行交代。如果公司盈利了,有很多现金,如果不去投资,会遭到外面股东的批评:"我投资给你,你为什么不利用这些钱去做一些事情?"有些公司也迫于外界压力必须去收购,收购容易,但具体怎么去经营就变成了一个大问题。所以,有主人的企业,看事情会更长远些。

李氏家族一贯重视对子女的教育,李文达更有一套别具一格的教育方法,他把对子女的教育贯穿于日常生活的每个细节。例如,要求小孩不能偏食,什么都要吃。李文达送孩子去西方接受现代教育,还经常带孩子们到世界各地游览,让他们去感受不同的文化,认识不同的事物,增长更多的见识,理解人生百态。他甚至有意带子女们参加葬礼,可以让子女清楚地看到死者一生的成败得失,以及种种家族的矛盾和人情世故的复杂。启示子女:人一生的所作所为,要为最后的"盖棺定论"负责,更让人深刻体会到,对生命的尊重和对生命价值的守护是多么可贵。李氏家族有着开明的教育,也有严格的家规。与很多富豪家族不同,李家有专门的"家族宪法",这是家族成员必须遵循的行为准则,借用"宪法"这个概念做比喻。比如,他们提出的一条"宪法"就是:第五代家族成员要先在家族外的公司工作3~5年,才能进入家族公司;应聘的程序和入职后的考核必须和非家族成员相同。每次确定新的准则后,第四代家族成员都要在该规定上签名,并把这些信息传达给第五代。

李锦记传至第二代和第三代时都曾经遭遇过分家,导致企业发展几乎停滞。这使得李锦记深知"家和万事兴"的重要性。公司只是家庭的一部分,他们更关注家庭怎么延续,家庭利益至上。没有家庭内部和谐,家庭企业的长久发展就无从谈起。李锦记曾专门组织家庭成员参加瑞士洛桑国际管理学院的家庭管理课程,一起阅读如何让家庭企业延续的书《一代传一代》,通过阅读分享,使大家意识到,合作比单干重要,使"和"的观念深入人心。很多家庭企业的一个大问题就是角色分不开,每天晚上回家开董事会,本来应该是家庭成员吃饭的时间用于谈业务、谈工作,影响家庭和睦;而在工作时间,父母家人又参与进来,影响应该通过公司制度做出的决策。同时,也制定了家庭宪法。所有决议都不断协商和讨论,并只有当7位家庭成员中的75%通过时(也就是有6个人通过),才可以进入家庭宪法,非常严格。李锦记相对成形的家庭宪法还包括:下一代一定要在外面的公司工作3~5年,才可以进入李锦记,而且进入后,应聘程序和入职考核必须和非家庭成员相同,如果做得不好,一样会被开除。董事局可以有非家庭的独立董事,CEO可以是非家庭成员。股东一定要有血缘关系;股东想要退出,股份由公司统一购回。如果家庭成员有婚外恋或者离婚了,必须退出董事局。除第三代李文达夫妇外,其他家庭成员到了70岁,一律退出家庭委员会。如果第五代成员对家庭企业都不感兴趣或能力不足,李锦记将招募最好的人才,并最终派一个家庭成员进入董事局。李锦记有一个"超级妈妈小组",家庭里的妈妈们每个月碰一次面,交流对孩子的教育经验,从小为孩子灌输家庭的理念和价值观。每年还有一次家庭旅行,所有家庭成员都要参加,通过这个团聚的机会,分享家庭的快乐、责任、知识。李锦记分销网络已经遍布世界五大洲80多个国家和地区,在美国占88%的市场份额,在日本的占有率排第二,真正实现了"有华人的地方就有李锦记"。

"思利及人",这是李锦记家族为人处世的基本原则,并以此来教育后代。李锦记创始人李锦裳早年在珠海南水开茶寮时,多有生活艰难的渔民赊账。每到年底,总有一些赊出去的账单收不回来,那时李锦裳总是会烧掉所有的账单。李锦记第二代传人李兆南常把这个事情讲给子女听,类似的事情代代相传,成为"思利及人"的最佳注脚。人人都想获利,而"利"从"人"中来,只有"利"及"人",才能办成事,才能获得真正的长远的"利"。"思利及人",就是做什么事情都要思考对方有没有获得好处。只要做人做事用良心,就可以帮人帮己。"人"不仅包括李家传人,也包括员工、消费者、上下游的商业合作伙伴,甚至竞争对手,是一个"我们"的概念。"思利及人"简单讲,就是做事如何有利于我们大家。它不光影响到李家后代,而且在整个企业深入人心,形成一种对人关照与尊重的文化,成为推动企业前进的强大动力。"自动波"应用在对待员工上,就是充分放权、发挥员工的潜能。"自动波"形容自动挡的汽车在行驶时,不需要用手换挡,就能根据不同的速度自动调节、顺畅行驶,司机可以专注于方向与路况。"自动波"的领导模式,正是李锦记"思利及人"价值观在企业管理上的体现。《道德经》谈到四种类型的领袖——"太上,下知有之;其次,亲而誉之;其次,畏之;其次,侮之。"最低级是所有人都恨他,第三级是怕他,第二级是自然领袖,他很有魅力,第一级是无形领袖。中国大陆的很多企业家都是第二级领袖。管理学中有一个著名的洛桑实验,其结果表明:决定一个人工作积极性和工作效率的最重要因素,不是薪水、职位等物理条件,而是被他人认可与尊重等心理因素,是一种成就感和满足感。李锦记很注重让领导者从监督者变成倾听者和支持者,让员工"爽",还让员工说出自己的"爽指数",以此了解员工工作的愉悦程度。照顾好员工,员工就会照顾好顾客,李锦记就会有很好的回报。李锦记的领导人不用为公司的日常事务操心,有时可能连续几个月都不在公司出现；即使去，也只待两三天，他们把很多时间用在思考策略、做自己想做的事情上面。但公司并不会因领导人的悠闲而脱离正常的轨道。"自动波"的领导模式体现在对待下一代上，就是鼓励第五代家庭成员根据自己的兴趣选择专业和职业。现在李锦记集团旗下除了酱料、健康产业外，还有家庭办公室、基金、投资公司、学习发展公司几块业务，第五代家庭成员可以自主选择其中任何一块业务加入。但如果有人对所有家庭业务都不感兴趣，他可以保留自己的股份，然后去外面的公司工作。

5.2.2 李文达家庭期望与企业成长案例分析

20世纪80年代，李文达将"思利及人"定位为李锦记的核心价值观。李锦记"思利及人"的核心思想与"己欲立而立人，己欲达而达人""修己以安百姓"等儒家文化的一致体现了他们对中国传统文化的传承。而李文达之所以确定"思及利人"的价值观，除了与他一直对传统文化的认同有关，还与家庭无形观念的传承有莫大关联。"思利及人"的企业文化是"家文化"的一种延伸。李锦记以家庭为重，力图让每个家庭成员都开心地工作、生活，家庭成员间充分沟通的传统也被运用到企业的治理中来。"爽指数"成为一种家庭沟通、公司管理的特色。"爽指数"制度是李锦记的特殊发明，指的是快乐的程度。李锦记对"爽指数"进行了指标量化，有1分到10分的程度区分。在家庭会议上，家庭成员之间会互问"爽指数"，公司各部门的主管也要及时掌握部门员工的"爽指数"，对造成"爽指数"波动的原因进行调查分析，并要帮助员工进行相应的调整。南方李锦记员工的"爽指数"一度保持在9分以上。

李锦记成为百年品牌还缘于李氏家族内部的良好教育和环境。很多家族企业都是以生意为核心，结果家庭出了问题，子女出了问题，生意跟着受挫，陷入"富不过三代"的怪圈；而李锦记却始终以家庭为核心，把生意看成家庭的一部分，认为家庭和睦才是事业兴旺的基础。这正体现了中国人的文化传统——家和万事兴。中国人讲究天地人和，尤为重要的是家和，家和万事兴，兄弟齐心，其利断金。家族的团结和睦正是维系家族企业持续发展的最终力量。要实现家和就需要有共同的目标、高度互信的氛围和沟通的平台，还要有制度做保障。这个平台就是"家族委员会"，由它领导李锦记集团、家族办公室和家族基金。在家族委员会上，不谈经营，主要讨论"家族宪法"、家族价值观以及第三、第四代甚至第五代的培训。这样的会议让家族成员有专门的时间来相互交流，敞开思想，感受亲情。了解产生信任，信任达成共识，保障了"家和"，也保障了家族和企业的持续发展。这样的家族教育和管理，使李家子女继承了李氏家族所传承的中国优秀传统文化，又吸纳了西方的现代文明。既有中国人传统的稳健、谦卑、宽容精神，又有西方人的开拓、创新、进取精神。对于李文达和李氏第四代而言，追求健康、家庭和事业平衡的生活是最重要的。因为平衡，才能走远。如果没有健康，没有和睦幸福的家庭，那么再成功的事业，有再多的钱，都不能算是成功的人生，李氏一大家人其乐融融，幸福美满，在努力创造人生价值的同时，也享受着天伦之乐。传统家文化与现代企业文化的完美结合，就是李锦记塑造民族的世界品牌的根本和保证。

　　家庭期望与家文化为什么重要？它的润滑剂作用体现在哪里？香港中文大学范博宏教授曾提出家庭特殊资产与企业路障是影响企业传承模式的两大类要素。我们认为，家庭期望与家文化所起到的作用，就是让家庭企业的特殊资产能够顺利传承并且克服发展路障，就如润滑剂让车轮转速更快并减少摩擦阻力一样。特殊资产包括创始家庭赋予企业的核心价值、特殊工艺及创办人独特的创意、领导方式、政商关系等。这是比账面数字更重要的东西，而其传承也比财富的传承更艰难，几乎完全遵循不同的路径。家庭企业由于内部家庭成员之间的亲情与伦理关系，在日常经营管理特别是未来企业传承方面有很多特别的地方，这往往就是家庭期望与家文化在起作用。比如在危难的时候，家文化浓厚的家庭企业成员会携手共渡难关，甚至会做出不符合企业运营常理的举动。再比如企业交接班时，缺乏家文化的家庭企业可能出现兄弟阋墙，如传承了四代的李锦记家庭。这样看来，家文化并不纯粹是一个抽象的、不可捉摸的东西，它会具象在家训家规、家庭宪法、家庭会议中，它会凝结在长辈的言传身教里，它代表着忠诚、信任、牺牲、奉献，它是企业传承的润滑剂，是实现家业长青必不可少的要素。此外，家文化不仅关乎企业传承，还关乎中国商业文明的重建，弘扬家文化已经迫在眉睫。

李锦记家庭，第二代、第三代的家庭成员都曾经历了分裂，付出惨重代价，因此家庭的第四代非常注重家文化的建设。设立了反映家庭精神的"家庭宪法"以及家庭成员相互交流的平台——"家庭委员会"制度，清除了企业路障，让家庭事业与价值理念都得以传承。李文达作为李锦记第三代掌门人，吸取了家庭纠纷的经验教训，也意识到其实很多企业最后的败局都是由于家庭问题以及亲人之间的矛盾日积月累造成的。李氏家庭去国外考察家庭企业经营的方法，结合中国文化传统，探寻适合自身的模式。李锦记第四代，李文达的四个儿子分属不同的领域，但领取相同的报酬。李文达并未满足于家庭和睦的现状，他想通过改变家庭观念及相处模式来实现家庭的幸福及事业上的更好发展，便制定了家庭宪法，设置了家庭委员会，规定了每3个月定期召开家庭会议的规则等。李锦记家庭用实际行动诠释了"修身齐家"的传统文化在家庭企业中的应用。家庭委员会的召开是李锦记富有特色的家文化之一。召开家庭委员会时，核心家庭成员不论在世界任何地方，都要赶回来参加，否则就要受到惩罚。整个家庭一起探讨家庭的业务，公开性、透明性自不待言，又一起探讨各自家庭及孩子们的问题，亲密性、体贴性无形中变成了一种温馨的习惯。李锦记并没有将家庭的活动锁定在会议桌旁。李氏家庭每年还安排家庭旅游，每次旅游时从第三代到第五代的26个家庭成员全部参加。大家一起打高尔夫球、打网球，在轻松的气氛中感受全家人心连心的气氛。现代社会逐利的风潮使太多人已经淡化了全家团聚的记忆，李锦记家庭通过这种方式找到了寻找全家共同幸福的途径。把自己的幸福传递出去，也是李锦记"思利及人"的观念之一，家庭成员对分享有了切身感受，就会不自觉地将这种观念运用到企业的管理中去。

许多成功的家庭企业，都有成文或不成文的规范家庭成员的规定，这是家庭期望与家文化的一种载体，也是传承特殊资产的有效方式。比如意大利已有260年历史的 Monzino 家庭，世代生产销售乐器。其家庭规定，唯有热爱音乐，至少会奏一样乐器，并不为了致富而工作的子孙，才有资格就职于家庭事业。这种有趣的规定让家庭好像变成了一支乐队，共同谱写、演奏着家文化，并将特殊的制造工艺传承下去。李锦记的发展证明了"家文化"对其的促进作用。作为一个具有悠久历史的品牌，在"永远创业"的家庭传统的影响下李锦记继续焕发着生机。目前，李锦记拥有60多种畅销产品，赢得"亚洲第一食品品牌"的美誉。李锦记的蚝油在美国占有80%的市场份额，在日本占有率排在第一位；它的行销网络遍布全球80多个国家，实现了有华人的地方就有李锦记的目标。与家庭文化基因重合的李锦记企业文化是"思利及人"，它凝聚了儒家伦理思想的精髓，并被巧妙地转化为一种现代企业集团的文化价值观，是李锦记中国式管理智慧的灵魂。在"思利及人"思想驱动下，李惠森在无限极有限责任公司等李氏家庭企业发展出"自动波"领导模式，是道家"无为而治"思想和后现代主义者主体离心化与去中心性的"无形领导"与"自我管理"的一种实现形式（胡国栋，2017）。李锦记将每年清明前后的"祭祖"与"创业纪念"活动相融合，其开展的清明节活动包括为先辈创业者扫墓、参观灵堂、重温先辈创业的艰辛历程、召开李锦记企业家庭企业创业表彰大会等。在维系传统家庭主义信念及家庭凝聚力的同时，将面向市场化与国际化的经济理性嵌入其中，将理性创业精神灌输给每个家庭成员。总之，李锦记将家庭的治理置于企业治理之上，确立家庭核心价值观，设立家庭委员会，制定家庭宪法，通过家庭的团结和睦实现企业的永续经营（胡国栋，2017）。

李锦记将家庭成员之间的信任状态运用到企业管理中，便使"自动波"领导模式成为了李锦记的特色。"自动波"是香港人对自动挡汽车的俗称，被李锦记借用过来说明其企业运作的自组织特质。"自动波"领导模式主要包括教练的心态与技巧、选对人才、充分授权、高效的团队和共同的目标。"思利及人"的价值观念、"自动波"的领导方式不仅促进了李锦记的发展,并且得到了李锦记员工的认同。2005年、2007年,南方李锦记都获得中国最佳雇主、亚洲最佳雇主的称号。凭借"永远创业"精神的推动、"家和万事兴"理念的调节、"思利及人"价值观的引导,李锦记作为家庭企业的典范具有广阔的发展前景。然而李锦记对于企业的未来做好了多手准备,并不是非要让家庭成员接班,李氏家庭的后代们从第五代起使命未必是继承家庭企业,而是帮助家庭更好地延续下去。家庭期望与家文化对于家庭特殊资产的传承居功至伟,而这些特殊资产是实现家业长青最宝贵的财富。家庭期望与家文化还有另一项重要的功能,就是清除企业路障,让家庭事业有序传承。这些企业路障可能来自家庭、公司内部,比如家庭成员不和、企业内讧等,也可能来自行业、市场、制度层面,像行业不景气、其他企业的恶性收购,等等。弘扬家文化是对重塑健康商业文明的有益探索。家庭企业为了永续传承,有动力维护良好的外部商业生态,对内部成员进行自律,比如不准商业贿赂、不搞恶性竞争。

为什么很多家庭企业逃脱不了"富不过三代"的魔咒?因为它们走的是"创业—守业—败业"的路子。第一代创业,第二代就开始守业,到第三代就败业了。李锦记人不守业,而是永远创业,要有不断进步的意识、永不封顶。企业选择创新有两种情况:一是危急时刻不得不创新,比如诺基亚(可还是来不及);二是在做得很好的时候就去创新,比如三星、英特尔等,这是很难的。李锦记调味品,第一代李锦裳发明了蚝油,之后做到200多个产品,像蒸鱼豉油,这是前所未有。就在产品的市场反应很好时,他们开始做健康产品。所以,创新是个动态过程。不能因为现在很成功了,就停止创新。在不同时段,不断想一些新东西、不断尝试新东西,有60%、70%把握的时候就去做,到你有90%把握的时候,就晚了。李锦记还鼓励整个行业去创新,认为这对自己是好的,竞争对手的创新能启发自己不断思考,帮助他们进步。

中国目前正处于经济结构调整阶段,民营企业的转型升级也到了紧要关口,弘扬家庭期望与家文化显得迫在眉睫。随着中国城市化、工业化进程的加速,以前社会治理中的最基层组织——乡村,正在被城镇所取代。宗族一直是实现乡村自治、社会稳定的基石,如今家庭企业要逐渐扮演这一角色,当它们传播良好的家文化时,就会塑造更健康的商业文明,并为创造和谐社会做出贡献。①

5.3 克里斯托弗家庭期望与博世企业成长

5.3.1 克里斯托弗家庭期望与企业价值观

博世企业被誉为"世界汽车业的英特尔"。曾经有媒体这么描述:"世界上一半汽车的燃料导入系统和刹车系统是博世提供的。"这样的成就有赖于企业创始人罗伯特·博世(1861—1942)先生的价值观:重视企业的持续发展和社会公益,而不是重视自己家庭的财富积累。1861年9月23日,罗伯特·博世出生在德国南部乌尔姆附近的一个富裕农民家里,家里共有12个兄弟姐妹,他排行第11。自小罗伯特就喜好摆弄各种机器。1886年,年仅25岁的罗伯特·博世用1万马克在德国西部的斯图加特创办了小型"机械和电气工程车间",生产多种多样的产品,并且推向市场,如电铃、电话机、点火器、电灯,甚至香烟盒等。这样的业务模式和产品种类大概维持了10年,由于种类繁多以及盲目生产,车间时常入不敷出。

同样在1886年,世界上第一辆汽车刚刚在德国西南部诞生,发明者是奔驰

---

① 资料来源于搜狐文化(2018-08-16)、《长江商业评论》(2014-04-16)。

汽车的创始人卡尔·本茨和戴姆勒。而此时，他们却受困于内燃机点火系统的问题，本茨先生还将它称为"难题中的难题"。这意味着，谁能够解决这个问题，就可以占据蕴藏着巨大潜力的汽车行业。1897年，博世经过反复研究，将磁电点火装置应用在汽车发动机上，通过高压磁电点火装置来产生电火花，从而引燃内燃机中的混合气体，解决了这个"难题中的难题"。这一创新，成为了罗伯特创业之路的重要转机。内燃机点火设备很快流行开来。博世也从一个小小的生产车间踏入了汽车行业提供商行列。

19世纪末20世纪初，全球汽车厂大批量生产汽车的趋势已经初显。博世也开始了自己的国际化战略。1898年起，博世开始向英国、法国、奥地利、匈牙利等国家拓展国际业务。之后的十几年里，博世的产品远销各大洲。在1913年的销售额中，有将近90%的销量来自国外。1914年，"一战"爆发。战争使博世失去了重要的国外市场。德国的敌对国不是扣留了博世的财产，就是直接没收。4年之后战争结束，博世重新将产品推向国外。此时的博世不再满足于从事单一的汽车零配件提供商行业。公司在1921年推出汽车喇叭产品，1926年推出雨刮器产品，1927年推出了柴油机喷射泵……这些产品也确实受到了市场的欢迎。就这样，博世在全球经济危机环境中的20世纪20年代开始了多样化经营之路，成功地从一个汽车零配件提供商转型成为了一家国际性的电子设备集团。

1942年老罗伯特去世，企业落入7个职业经理人手中。在之后的岁月里，博世并没有因为创始人的离开而衰弱，反而越发壮大。20世纪80年代，博世成为了全球最大的独立汽车零配件供应商，销售额比第二名丰田汽车旗下的零配件供应商多出了40%。当时的媒体描述说："世界上一半汽车的燃料导入系统和刹车系统是博世提供的。"20世纪90年代，集团在经营欧洲业务的同时又成功开拓了美国市场，开始了全新的全球化战略。在这之后，历任的管理层人员无一例外将"全球化"当成重要目标。2003年，集团的销售额70%来自海外，当时的集团主席弗兰兹·法布班奇一半的时间花在海外的分支机构。

博世企业的快速壮大与创始人老罗伯特本人的价值观关系密切。老罗伯特对于产品要求严格,对于员工充满关怀,对于社会充满慈悲。罗伯特·博世作为一个"技术人员",坚持对产品进行不断更新。比如火花塞项目,到今天改进了超过60代,生产类型超过1250多种。并且,他检验产品十分严苛,他曾经在1919年的企业内刊中强调:"在检验产品时,任何不足之处对于我都难以忍受。为此,我始终致力于向客户提供经得起仔细检验的产品。这些产品,在任何方面都具有卓越的品质。"在公司管理上,罗伯特非常人性化。1906年,他在公司实行8小时工作制和早晚班轮休制度。1913~1920年,他成立了内部员工培训部门,为工厂工人设立了慈善设施,重视对员工技能的培训,提高员工的工作体验。并且,他给员工开的工资高于市场平均水平,他始终坚持这样一个观点:公司能够持续赚钱正是因为给员工开了高工资。

罗伯特还积极投身社会公益事业。1916年,罗伯特捐献了2000万马克给教育公益事业。他一生经历两次世界大战。战争中,博世被迫为第三帝国生产军备。"一战"后,他将战争中因军火合同获得的盈利全都捐献给社会。"二战"中,他联合工厂的一些工人站出来反抗纳粹政府,并且暗中参与营救被迫害的犹太工人。战争使罗伯特成为了一个和平主义者。在他去世的时候,"二战"还未结束,未来尚不明晰。罗伯特在遗嘱中嘱咐博世未来的管理者们,一定要积极投身社会慈善事业。

原本,罗伯特·博世选定了与第一任妻子的儿子小罗伯特接班,并且手把手传授技能。但是后来小罗伯特因为身体原因而退出,并且于而立之年早逝。儿子去世之后,老罗伯特与第一任妻子安娜的婚姻也走到了尽头,1927年两人离婚。同年,老罗伯特再婚,次年,他的第二个儿子出生,仍然取名叫罗伯特。此时,罗伯特已经67岁高龄。其实在大儿子小罗伯特去世之前,老罗伯特就已经开始考虑企业传承的问题,并且开始了一番尝试。为了解决继承人的难题,他的第一个尝试是在1917~1937年。1917年,博世成立了罗伯特·博世股份公司(Robert Bosch AG),对企业进行股份制改造,改造后引入职业经理人为股东。当时的

7位总监共享49%的股权,而罗伯特本人在1926年退出管理层,成为监事会主席。

这个尝试一直到20世纪30年代,30年代博世股份公司上市。然而上市之后,问题出现了:一旦出现几个季度的亏损,那些股东就会来找创始人和管理层算账,导致公司做任何决策都有限制,同时,财务也失去了独立性。并且,那些作为管理层的股东们在拥有股权,得到金钱之后,工作也出现了倦怠。面对这种情况,罗伯特果断回购了之前的股权并且坚决退市。就这样,罗伯特关于继承的第一个尝试失败了。但是经过这件事情,罗伯特给博世留下了两个经营理念:第一,企业如果要保持基业长青,就一定要保持创业自由,保持自身赖以长远发展的要素;第二,企业要保持财务独立性,不要依赖银行或者金融市场。这两个经营理念为博世日后的稳健发展奠定了基础。

1937年,罗伯特将公司改制为有限责任公司,也将自己的财产进行了分配。1938年,他正式立下遗嘱,交由7人执行。遗嘱的内容分为两方面:在公司运营方面,就是他一直提倡的创业自由、财务独立和坚决不上市。在家庭成员(第二任妻子、小罗伯特、女儿艾娃以及8个孙子女)方面,他表示,如果小罗伯特成年后有意愿进入公司管理层就来公司,如果没有意愿就做自己想从事的职业。1942年3月12日,罗伯特·博世去世。此时,小罗伯特只有8岁,因为年幼无知,无法接班,正如他生前所料。于是,职业经理人瓦尔茨和玛尔台尔承担了企业领导权。小罗伯特长大后对治理公司没有兴趣,虽然在50年代曾经回过公司当管理层,但是不久就离开,之后成为一名心理学家。在20世纪50年代小罗伯特离开后,职业经理人瓦尔茨继续接任。

在20世纪60年代,博世公司先将92%的股权转移到博世资产管理公司,然后在1964年成立罗伯特·博世基金会,并且将这92%的股权转移到这个慈善组织名下,同时这92%股权的持股投票权为博世信托所有。博世集团和博世家庭分别持有1%和7%的股权,而博世集团的1%股权没有持股投票权,不能参与公司决策。持股投票权属于博世信托和博世家庭。在企业的所有权和决策权分离以及集团不上市的环境下,这样的股权分配机制让集团管理者能够专注于集团的长期发展,不受家庭和其他利益者的左右,而拥有92%股权的基金会会将分到的股息投入到社会慈善当中。这样的安排符合罗伯特·博世生前的经营理念。

至此,博世集团解决了继承人难题,完成了稳健传承的重要步骤。如今,博世家庭的成员只有老罗伯特的长孙克里斯托弗·博世还在公司的领导班子里,但是他读的是林业专业,并无意于公司管理,在慕尼黑附近经营着自己的农场。对于自己的人生选择,克里斯托弗十分赞同父亲小罗伯特曾经说的:"走自己的路,不要走公司里最容易的路。"

今天,博世集团在世界五百强中排名第155(2015年),是全球第一大汽车技术供应商,德国第六大制造业企业。2015年销售额达到649.6亿美元,全球雇员约27万名。经营业务遍及50多个国家和地区,是汽车发动机管理系统、钒油喷射系统、车身电子系统、汽车防死系统等诸多领域的领导者。公司稳健发展的背后是一个扁平化的管理模式。由于家庭成员不再参与公司具体的运营和管理,博世集团到如今已经形成了一个稳健的职业经理人团队治理结构。博世最高管理层设置分级管理体系。由下而上依次是地区事业部、全球事业部和全球董事会。

在决策方面,事业部的权限较大,很多集团事务会在事业部层级解决。事业部的4名管理者在做决策时都会谨慎考量,因为他们要共同对结果负责,并且自己日后能否升迁就是依靠以往的业绩。如果有重大事件,事业部就需要请示董事会,通常会很快得到批复。为保持政策的延续性,集团规定上一任董事长卸任后一段时间内,需要留在公司担任集团监事会主席,新任董事长则需向监事会主席汇报战略上的业务。

5.3.2 克里斯托弗家庭期望与博世企业成长案例分析①

如今在博世,创始人离开已有 70 余年,管理层也鲜有博世家庭成员,但是集团在漫长的传承之路上始终尊重着创始人的价值观。比如,保持决策权和财务的独立,并且坚决不上市。在这样的环境下,集团能够投资研发一些时间周期比较长的项目,并且保持创新。博世集团的研发成本是每年销售额的 8%,汽车技术业务部门甚至达到 10%。按照国际惯例,2% 就已经是企业"创新驱动"的一个标志,即便是研发投入普遍高于社会平均水平的财富五百强企业,其研发投入也多在 3%~5%。在"基业长青"上也会面临挑战。博世老爷爷的嫡孙,是博世发言人和家庭代表,也是监事会成员,但不负责管理。他特别强调:"有一个挑战是对所有企业都存在,就是如何保证不要迷失自我。"这句话挺有趣,他认为公司要非常清楚在价值观和凝聚力上的核心优势,在做长远规划时,完全不必考虑短期,而是要考虑一代人或下一代人的利益,这是公司的根本价值观。可见他承传了博世创始人的远见与视野。从商业伦理的角度来讲,博世公司经常会面临各种诱惑,这些诱惑也会考验公司能否坚守价值观。比如你面临一个大单子,要么做一点点努力你就可能得到了,要么就丢了,那么我们用什么方式去自我检视呢?我们往往会问自己三个问题:第一,我们会让自己的孩子这样做吗?第二,如果做了,10 年、15 年以后别人怎么看我?第三,如果前两个答案都是"Yes",还要再问自己一遍,这真的跟我的价值观、跟你想要的是一样的吗?事实上,往往问不到三个问题就会停,因为没有一个父母愿意自己的孩子去犯错。这就是善念,当你心存善念的时候,你所做的决定,就会自然符合你要坚守的伦理价值观。这是博世为了能够切实地保持真我,实实在在设定的道德拷问制度。

博世集团的七大价值观——保持真我、求知欲、国际化、多样性、前瞻未

---

① 资料来源于搜狐财经(2018 – 07 – 25)、第八届世界商业伦理论坛。

来、创新精神和实用性,也都来自老罗伯特的书信和以往语录。企业的历史文献部还整理了老罗伯特的书信和企业历史发展的关键点,定期给员工培训,传承创始人以及企业的价值观。可见,创始人虽然已经不在公司,但是他留下的精神遗产,渗透在企业的每一个角落。博世家族的基本原则是,优秀的家族成员完全可以进入公司管理层,但不会因为他们是博世的后人而获得特权。博世集团股东中,基金会不享有投票权,而博世家族信托几乎完全掌握了博世集团的投票权。公司元老们与家族代表、社会贤达共同参与家族企业治理,任人唯贤,不断促进家族企业的发展壮大。博世集团的家族治理——以公益基金会传承家族成就和精神。博世集团创始人罗伯特撰写遗嘱时,即确立了继任者的选择标准——"我最看重的是公司可以被维护得很好,尽可能代代相传,一直保持金融独立、自治"。此外,罗伯特创立的博世家族基金会是德国最大的与私营企业相关的基金会之一,只履行公益意愿。博世基金会和博世家族的联系非常紧密,基金会负载着家族长远愿景,通过将股份安全地保管在基金会,公司的未来得到保障。基金会本身是为公众谋福利的。可以把基金会看成慈善组织,这个慈善组织的特别之处,是它本身是一家大型公司的大股东,可又不做任何生意决策。"我的祖父希望可以用公司的盈利为公众谋福利,以前他做决策,决定公司的哪一笔收入来做怎样的善事。现在,则是罗伯特遗嘱中设定的公司章程保证目标实现。继任者花了很多年才把这样一种设想嵌入公司的组织结构里。"克里斯托弗解释说。克里斯托弗把"博世章程"理解为:有限公司、基金会和博世家族三权分立。另外,博世创始人为公众谋福利的愿望和精神也在家族基金会中得到了充分的体现。

博世集团的架构设计与家族企业的治理安排可以让企业的决策者专注企业的长久发展,而不受到家族成员或者其他人的干扰,使得博世集团历久弥新、永续长存。在企业的所有权和决策权分离以及企业不上市的环境下,信托机制能够让决策人员专注于集团的长期、持续发展,提升经营品质,不被家族和不同利益者所左右。拥有92%股权的基金会则用分到的股息投入到社会慈善当中。这样的安排符合罗伯特·博世生前的经营理念。家庭文化与家庭家族企业如何成长、如何长寿这个问题是近些年探讨的热点,对于"基业长青"这个问题,博世家族是这么看的。克里斯托弗认为:每一个公司都有自己的特质,起码在创业之初是有的,但随着企业不断创新改进,很多企业不知不觉把自己给丢掉了。这其实是家庭企业的好处,因为家庭企业融入了家庭的因素,家庭的价值和凝聚力是一间公司辨识度很高的身份符号,容易长久保持。与此同时,由于不是上市公司,家庭企业在做规划和制定战略与策略时,不必受到季报半年报的禁锢,而是考虑一代人,或是下一代人的利益。这样制定出的战略决策更具有长期性。

第6章 政策建议

6.1 调适合适的家庭期望

家庭期望对创业者的成长的影响是显而易见的,对创业者是否创业以及采取何种创业方式有一定的影响。对于家庭,尤其是父母而言,合适的家庭期望可以成为创业者决策的参考点。对于合适的界定,并没有一成不变的标准。一般来说需要主要两个方面:

一方面,要与家庭的经济现状相适应。家庭不能因为家庭经济状况优越就放弃对创业者的创业期望,也不能因为家庭经济状况糟糕就急于创业。最近的一项调查显示,对贫困生而言,对未来的规划一般首选"就业",以下依次多为"继续深造""创业";对一般困难生而言,也是首选"就业"。可见家庭经济状况越好的学生,毕业后越偏向于选择继续深造而不急于就业,而家庭经济一般或较困难学生的第一选择则是就业。通过调查也发现,家庭经济对创业者心理的影响不容忽视。很多贫困生性格内向,自卑心理较重,不善于表达,不合群。其中有的因贫困而感到羞愧;有的不愿意让别人知道自己的处境,并不可抑制地抗拒师生善意的帮助;有的不愿意积极主动地与别人交往,生活相当封闭。家庭经济状况对创业者价值观的影响总体趋势是良好的,都认为主要是自我价值和社会价值的实现。在未来规划方面,家境较好的学生更多选择继续深造,而家境越差的学生越倾向于选择就业;在心理健康方面,家境越好的学生,心理压力指数越低,相反,家境越差的学生心理压力指数越高,甚至家境的好坏会导致更多的贫困生产生心理障碍。2011年,复旦大学新闻学院发布了上海创业者幸福感调查结果,最后的统计显示,上海创业者的自评幸福感平均分数为75分,刚刚达到良好的标准。进一步分析看出,在导致幸福感差异的影响因素中,学校、性别、年级、专业以及生源地五个因素都对幸福感无显著影响,而家庭经济状况对上海创业者的幸福感产生了影响。数据显示,家庭月平均收入在8000元以上的学生,总体上会比月收入在8000元以下的学生感到幸福。不过,课题组指出,这并不能说明经济因素对于创业者幸福感有着决定性作用,从数据来看,二者的相关性并不高。但一些来自低收入家庭的创业者并没有视经济因素为限制其发展的主要原因。在影响创业者幸福感的因素中,"自我期望过高"和"父母对自己的期望过高"这两个因素的被选率分别是39.7%和22.8%,差距比较大。课题组推断,当今的上海创业者"我的人生我做主""自己的人生自己负责"的意识越发强烈,这种自主独立的决策意识让他们有能力应对来自父母的压力,也有可能是因为当今上海创业者与父母之间的交流减少,父母期望的传递机会下降,也就没有所谓的压力,幸福感受影响的概率也就相应降低。近年来,市场上涌现出越来越多的自主创业者,相关政策不断出台大力支持就业创业。创业者的幸福感指数也相应得以提高,中央电视台2018年经济生活大调查显示,48.1%的创业者感觉幸福,这其中幸福感最高的是年收入20万~30万元的创业群体。认为未来收入会增加的创业者占比高达56.50%。因此,面对种种不良倾向,我们也应采取相应措施对家庭进行引导,使家长从经济压力与经济追求中走出来,形成合适的家庭期望。

第6章 政策建议

另一方面，要与创业者的能力相适应。家庭期望既不能太高，超出创业者的能力；也不能太低，对创业者形成不了参考点，也形成不了激励。创业者能力是多方面的，最主要的是自我决策能力。自我决策能力是一个人能否独立思考、果断处事和独立完成某项工作的能力。对于即将毕业走向社会的创业者来说，面临求职择业，别人的意见和忠告各种各样，最终要靠自己决定，这是对自我决策能力的一次检验。在未来的工作中，每一件事情、每一个问题以及它们的变化进展都不可能像在学校那样有老师给你作指导，而必须靠自己迅速做出决定，及时予以处理。因此，具有良好的自我决策能力对创业者就业是十分重要的。另外是适应社会能力。适应社会和改造社会是对立统一的两个方面。现实生活常常不尽如人意，五彩纷呈的现实生活使刚刚步入社会的大学毕业生眼花缭乱，很不适应。大学毕业生面对现实生活中的消极现象常常产生不安、不满的情绪，而常常以改造社会为己任的创业者却忽视了适应社会这个前提。人类文明总是在继承与创新的矛盾运动中发展的。适应社会，正是为了担当社会赋予我们的职责和使命。适者生存，生存正是为了发展。对社会、环境的适应，是主动的、积极的适应，不是消极的等待和对困难的退缩，更不是对消极现象的认同，创业者只有具备较强的社会适应能力，走向社会后才能尽可能地缩短自己的适应期，充分地发挥自己的聪明才智。家庭期望力度应与创业者自我决策能力与社会适应能力保持动态平衡。

适度的家庭期望还取决于经济利益期望与非经济利益期望的占比。创业是一件利在当代功在千秋的事业，家庭企业与家庭期望、家庭文化具有天然的共性——都具有时间的长期性。家庭企业是家庭期望与家庭文化精神的载体，如何实现家庭与家庭企业的基业长青是对家庭主要成员的长期考验。

首先，家庭企业是家庭的一个延伸，是对家庭历史与文化的一个传承，从出生开始家庭成员就生活在一起，彼此之间形成了稳定而相互依赖的情感，家庭成员的身份和家庭企业紧密相连。家庭企业不光解决了家庭成员的收入问题，也解决了工作问题与情感问题。家庭成员一般拥有一定的股份，即使没有股份他们也不会轻易离开企业。这与非家庭企业员工不同，他们可以自由表达自身的财务诉求并自由处置他们的股份，甚至可以自由决定是否离开企业。

其次，家庭的家风与文化价值观通过家庭企业得以延续。家庭企业组织与家庭组织一样都具有自己的价值理念，两者是紧密联系的，家庭组织的传统、习惯等会自然延伸到企业组织中，家庭成员希望将家庭独特的价值观与文化作为企业价值观与企业文化。尤其是家庭企业创始人，更会将自己的权威意志与人生价值根植于企业中。不仅在创业时期，而且在随后的一个阶段内，这些价值观和所有者的经营动机仍然是跨代传承的强大的文化驱动。

最后，利他主义一般只在家庭中存在，因为家庭义务的履行更多的是基于血缘关系而不是竞争关系。与满足自身利益为主的功利主义不同，利他主义常常被企业视为有效的、"高大上"的行动指南。在面临利益冲突时，无论是眼前还是长远、局部还是整体，家庭成员常常会从企业大局出发权衡利弊，会选择在短期自损个人利益，这使得家庭成员的机会主义行为大大减少，从而为家庭或其他利益相关者带来了福利。

经济利益期望具有短期的强激励效果，但也常常面临巨大利益诱惑与创业风险的考验，一旦创业决策倾向于非生产性，则会给企业带来致命威胁；而生产性创业决策，以产品创新、组织结构与机制创新、市场开拓等为重点，可以使新创企业行稳致远，即便短期利益受损。无论是新希望、李锦记还是博世，都为新创企业的成长提供了样板案例。以李锦记为例，李文达送孩子去西方接受现代教育，还经常带孩子们到世界各地游览，让他们去感受不同的文化，认识不同的事物，增长更多的见识，理解人生百态。他甚至有意带子女们参加葬礼，可以让子女们清楚地看到死者一生的成败得失，以及种种家族的矛盾和人情世故的复杂。启示子女：人一生的所作所为，要为最后的"盖棺定论"负责，更让人深刻体会到，对生命的尊重和对生命价值的守护是多么可贵。在博世公司，公司特别强调，"有一个挑战是对所有企业都存在，就是如何保证不要迷失自我"。公司要非常清楚在价值观和凝聚力上的核心优势，在做长远规划时，完全不必考虑短期，而是要考虑一代人或下一代人的利益，这是公司的根本价值观。从历史长河看，家庭利益的最重要成分一定不是经济利益，非经济利益期望值得创业者花一生的时间去呵护与追求。

6.2 营造和谐的家庭亲子关系

没有和谐的家庭沟通就不可能拥有良好的亲子关系，没有良好的亲子关系，家庭期望与家庭教育的质量也会大打折扣，因此说，和谐的亲子关系是家庭期望影响创业者创业决策的非常重要的一环。亲子关系完善了家庭沟通与教育的环境，积极有效的亲子沟通能够增进彼此之间的情感联系，是一种优化亲子关系的家庭期望教育，增强了每一个家庭成员的归属感。这种归属感同时会让有形的家庭在每个成员，尤其是创业者的心里经过积极加工而具有温暖、安宁、幸福等积极的属性。家长与子女的关系远近、亲疏直接影响家庭期望的影响力度与方式。良好的亲子关系是家庭期望与家庭教育的基础，只有在关系和谐的状态下，孩子才会尊重父母，接受父母的引导与教育。父母要想更好地影响与教育孩子，就需要与孩子建立良好的关系，就需要学习有效的沟通方法，有效的沟通方法是一门艺术，是每一个为人父母都需要学习的。父母就像放风筝的人，让孩子去探索蓝天，但孩子腰间的细线紧紧联系着他们在地面上的亲人。世间的父母与孩子之间有各种各样的相处模式，也就形成了不同的亲子关系类型。

没有哪一个家庭期望是类似的，也不可能会有哪个家长会用实验的方法来寻找一个适合培养创业者的家庭教育模式。因为个体的不同，每个人都有着不同的成长环境和成长经历。家庭成员之间的行为和观念差异会随着时间的推移而越发明显地凸显出来。这种差异是不可避免的，最重要的是在家庭期望与教育中如何快速有效地去解决这些问题。家庭问题不是家庭成员中某个个体的问题，这个问题的根源来自双方或者三方以上。如果亲子关系不够和善，发生问题时候，本能的反应往往是指责对方的过错，这样的做法往往会引起下一轮周而复始的矛盾。良好的亲子关系是解决家庭问题的重要因素，而良好亲子关系的形成依赖于亲子间的沟通是否顺畅、积极和有效。

冷漠的亲子关系很可能让创业者的心理产生疾病，那么他在成长的过程中会渴望得到家庭以外的爱。因此，他必然会拼命地从他人的身上索取爱，而一旦他索取爱的源泉消失了，他就会觉得痛苦并转移到其他人或事物上面继续去索取爱，而很难在家庭教育中取得幸福感。每一个创业者子都是一个不同的个体，他们在成长的过程中难免会遇到这样那样的问题，也没有哪一种固定模式的家庭期望可以促进创业者成长。但对于创业者成长过程中遇到的问题，如果不能进行及时的沟通解决，就很有可能影响创业者的健康成长，影响其自信心、判断力，进而对其人生重要决策产生不利影响。大学时期，是一个人的人生观、价值观和世界观形成的关键时期，青年人开始用一种新的视角和观点看社会，很多想法开始和父母不一样。现在是网络时代，家庭教育面临很大的挑战，每个父母都应该深入思考如何在平等和相互尊重的基础上，加强沟通和了解，弥合鸿沟和差距，才能得到孩子的认同。导致创业者和父母发生冲突的原因，是彼此缺乏沟通和了解。比如，父母认为孩子应远离网络，但孩子生活中一刻也离不开网络，购物、交友、查询资料、学习等都要通过网络。很多父母并不真正了解孩子在想什么，不认同孩子的生活方式，缺乏沟通技巧，还沿用落后的家庭教育方式，难免点燃和孩子间的"战火"。

营造和谐的家庭亲子关系，关键是家长的理念与角色扮演。家长应该与创业者建立一种相互信任的平等的亲子关系。既不能完全主导创业者的学习生活，也不能完全放纵创业者的行为。在保持比较亲密的沟通前提下，构建平等互信的亲子关系是非常有必要的。家长的角色扮演与榜样引导非常关键，刘永好的自身形

第6章 政策建议

象与行为无形中影响着他的家人。在其影响下,女儿刘畅发起了自己的公益项目。刘畅和一帮北大校友搞了个"光明行"行动,每年都要去四川甘孜、阿坝以及甘肃等地区,给那里的白内障患者提供治疗,让他们重见光明。刘永好儿子目前在国外读书,虽然年龄不大,但从小就锻炼他的责任和担当意识。他支持儿子担任家庭旅行团的团长,要让儿子从小就做一个有担当、有责任心的人。在刘永好的家规影响下,儿子对公益事业也很热心。他儿子把平时的零花钱和过年收到的压岁钱攒起来,还找了十几个小朋友,把钱凑在一起,发起了一个叫"小种子基金"的公益项目,给四川一些贫困地区的农民送万寿菊种子,帮他们种植、出售,帮助农民增收。李锦记在召开家庭委员会时,核心家庭成员不论在世界任何地方,都要赶回来参加,否则就要受到惩罚。整个家庭一起探讨家庭的业务,公开性、透明性自不待言,又一起探讨各自家庭及孩子们的问题,亲密性、体贴性无形中变成了一种温馨的习惯。李锦记并没有将家庭的活动锁定在会议桌旁。李氏家庭每年还安排家庭旅游,每次旅游时从第三代到第五代的26个家庭成员全部参加。大家一起打高尔夫球、打网球,在轻松的气氛中感受到全家人心连心。现代社会逐利的风潮使太多人已经淡化了全家团聚的记忆,李锦记家庭通过这种方式找到了寻找全家共同幸福的途径。创业决策事关家庭大事,父母的支持远比商业银行、政府政策等支持更为重要。创业者有自己的主张,在面临重大决策时,家庭应该给予必要的支持。而和谐的家庭亲子关系能够为创业者决策提供良好的决策氛围。因为这不但可以解决创业期的资金投入,更我重要的是能培育与改善创业者的心理结构。

家庭的支持是良好亲子关系的物质基础与精神动力。创业之初,创业者总是会面临各种不足,尤其是资金。2014年7月15日,《中国青年报》社会调查中心通过民意中国网和手机腾讯网对13734人进行的一项调查显示,51.8%的受访者表示身边有创业的大学生,66.6%的受访者认为对大学生创业意愿影响最大的因素来自家庭。受访者中,学生占30.8%,家长占15.1%,教育工作者占6.2%。调查显示,受访者认为对大学生创业意愿影响最大的因素是家庭

（66.6%），选择个人因素、社会因素和学校因素的受访者分别占 13.8%、10.5%和 3.7%。61.5%的受访者认为家庭经济条件好的大学生更愿意创业，也有 22.3%的受访者认为家庭经济条件差的大学生更愿意创业，10.4%的受访者认为大学生创业意愿和家境没有关系。至于为什么有的父母不支持孩子创业，调查显示，家庭缺乏充裕资金（64.7%）是主要原因，其他原因依次是"观念保守"（13.0%），"当下创业环境较差""怕孩子过苦日子"和"孩子准备不充分"。"80 后"青年张海毕业于南昌大学，一年前，他辞去了在北京某互联网公司的工作，成为一家淘宝服装店的全职老板。他认为，很多想创业的年轻人最需要的是经验和资金。在当前，这些大多来自家庭。

　　创业者与父母血缘上的天然联系使得子女的成长时刻凝结着父母的心血与辛劳。父母对子女而言，不仅负责物质上的供给，而且要提供精神上的引领、情感上的支持。子女对父母而言，则完全是另一种情形。父母的生命在子女的成长中得到延伸，子女的进步是父母最大的慰藉。与浓烈的亲情相伴的是强大的感染力量，父母引领正确，则子女沿健康轨道成长，父母引领不当，则子女向不良方向发展。与中小学生不同的是，创业者处于成长发育的关键期，尤其是心理上的"断乳期"。创业者在外求学远离父母，突然离开家庭娇宠的氛围，情感上与父母的联系一时难以割舍。创业者中难舍父母、思家心切的现象普遍存在。此时，创业者应将对父母的眷恋转化为学习的动力，转化为成长的力量，转化为对校园、对同学、对新的集体的爱，在尽快适应创业者生活的同时，将自己的情感加以升华，达到新的境界。对创业者父母来说，应鼓励孩子全面发展，重视孩子的个性成熟与道德成长，重视实践锻炼，重视品德修养，身体力行，鼓励为主。

6.3 协调家庭教育与社会、学校创新创业教育

教育分为学校教育、家庭教育和社会教育。苏联著名教育家苏霍姆林斯基曾经强调过:"没有家庭教育的学校教育和没有学校教育的家庭教育,都不可能完成培养人这一极其细致而复杂的任务。"这就说明了家庭教育在创业者的成长过程中是不可缺少的。近些年来,家庭教育和社会教育越来越得到更多人的关注和重视,尤其是家庭教育,更是谈论的热点。《中国教育改革和发展纲要》指出:家长应当对社会负责,对后代负责,讲究教育方法,培养子女具有良好的品德和行为习惯。《中华人民共和国教育法》明确提出,要建立和完善终身教育体系,这本身就包含了家庭教育在内,也可以说家庭教育在一个人的终身教育中是处于起点位置的。家庭教育已经成为我国新时期对人的教育的重要组成部分,而且家庭教育占有举足轻重的地位。在大学之前,我国的家庭教育与学校教育协调并配合默契,进入大学阶段,社会教育与高校教育逐渐与家庭教育相脱离,这不利于创新创业人才的培养与成长。

长期以来,我们形式上强调教育是家庭、学校、社会共同的事业,但实质上总是将教育归之于学校和社会,而对家庭在教育子女问题上到底应负什么样的责任、家庭教育与学校教育的区别是什么、家庭教育的重心是什么等问题研究得不够深入,理论上反映了我国家庭教育理论水平的落后状况,实践上影响了人才培养的质量,严重威胁着 21 世纪中华民族的未来。创业者进入大学后与家庭仍保持着千丝万缕的联系,家长的价值观、世界观仍对子女形成一定的影响,故家庭教育对创业者而言不仅客观存在,而且应大力加强。"儿行千里母担忧",自古中国家长心系子孙、情系儿女已成为典型的文化心理特征,刻骨铭心地融入了民

族的灵魂,他们无时无刻不在为子女们悬着一颗拳拳挚爱之心。这是一笔宝贵的教育资源。中国父母在教养自己的子女问题上,从来都是最具有牺牲精神的。完全依靠学校,终难成就育人大业,人的成长是自然成长与社会成长的统一,濡化与教化是形成人的过程的两翼。大学教育作为一种高一级的学校教育,对年轻学生的影响是一种全面而系统的影响,尤其是科学熏陶、理性培育等方面特别见长。然而,家庭作为一种婚姻血缘性的组织,对创业者的影响始终是存在的,并以其潜移默化的形式融入亲情融融的氛围之中,对孕育完美人格、构建崇高理想具有不可替代的作用。

协调家庭教育与社会、学校创新创业教育,教师与家长、创业者首先要在思想上形成共识。学校要向家长宣传正确的教育思想,在教育方式方法上加强与家长的沟通交流。现在的大学生大多是独生子女,一方面,不少长辈和父母过分溺爱,他们衣来伸手,饭来张口,不爱吃苦受累,禁不起挫折的考验;另一方面,父母们普遍对创业者提出过高的要求,一旦未能达到目标,就采取强制压服、粗暴专横的手段,导致创业者产生逆反心理,甚至自暴自弃。这些教育方式,都违背了教育规律,只有按照创业者身心发展的特点进行正确的教育和引导,才能使创业者健康成长。所以,学校在联系家长的过程中,要有针对性地向家长宣传正确的就业与创新创业思想,同时提高家长的认识与修养。家长提高了自身修养,才会改善家庭教育环境,调整好教育子女的方式方法,家庭教育与社会、学校教育才能统一结合起来。成人教育是家庭教育与社会、学校教学的共同要求,也是教育的目的与教育的重心。教育的最高宗旨乃形成完整的人,成人成才是社会的崇高理想,也是家长们的共同愿望。孩子进入大学或社会后,文化科学知识方面有了更为广泛的积累,但要做一个对社会有贡献的人,其要求是多方面的。当代创业者有较好的知识基础,但在真正的科学精神、治学品质、人际相处、求实进取意识方面均存在一定的缺憾,浅尝辄止、好逸恶劳、追求享受、贪图虚荣在部分学生身上有一定的市场。培养21世纪的理想一代,需要家庭、学校、社会的共同努力,如何引导当代创业者求真、向善、崇美是大学教育的使命,也是广大家长面临的当务之急。不能成人焉能成为社会之栋梁？故创业者家庭教育的重心是成人教育，最重要的是基本的思想道德品德教育，包括责任感、全面的科学精神、使命感、孝敬心、进取心以及关心他人、关心环境、关心未来的心态等。做人与做学问理应达到统一，爱国与敬业更应是当代创业者必备的基本品质。

协调家庭教育与社会、学校创新创业教育，还要求教师与家长改变观念，尊重并珍视孩子的个性，在此基础上展开教学活动。进入互联网时代后，人的主体意识已迅速崛起，个人尊严越来越受到关注。传统的权威式的家长与教师地位彻底动摇，民主、平等的观念深入人心，于是教师与家长在孩子教育问题上的任何不慎都有可能造成彼此的对立，只有建立在民主平等的基础上才能开展真正的创新创业教育。创新创业教育实践是以人的活动为中介，将人的本质力量内化于教育活动之中，以创新为尺度，形塑理想的人。教育不是被动地像雕塑家雕塑般塑造个人，而是以实践为出发点，以尊重学生个性为手段来形塑个人，它是借助于主体来形成主体的过程。教育活动是一个主体与主体、心与心的交流过程，是营造主体性的活动，是产生交互作用、形成新的主体的过程。

就高校而言，学生的个性特征是开展创新创业教育的必要条件，教育者与受教育者相互建构，完成自我选择。师生关系是一种特殊的人际关系，教学过程中学生会有意或无意地隐蔽一些个性的东西，而家庭生活却是创业者个性自然形成和展示的空间。同时，创业者在长期与父母的交往中，其智力的优劣与长短都会有较为充分的表现，父母因其特殊的身份和情感，对创业者会有深入、细致的了解。了解学生，是因材施教的前提，学校教育与家庭教育的合作、沟通则为此提供了丰富的资源与现实的可能。学校教学脱离生活的倾向可以在与家庭教育的结合中得到修正。教育教学的校家联合互动本来就意味着校内外、课内外的沟通，这样，学校教育的非情景化就可以通过家庭教育中的生活化得以纠正。具体来说，一方面，学校教学要善于吸收学生在家庭教育中的积累，使之成为学生进一步学习的起点和智慧资源；另一方面，教师在教学中要鼓励、提倡创业者把课堂所学运用于生活实践，使书本上死的知识在生活的活水中涌动起来。在学校和家庭的联系过程中,学校要采用多种联系形式,积极创设联系的良机。学校、老师也可以定期或不定期地举行一些家长会、报告会、座谈会,向家长汇报学校创新创业教育的工作情况及工作计划,向家长提出教育的具体要求,听取家长的意见,同个别学生家长交流其子女的一些教育问题。教师在和家长的联系中,应注意与家长全面交流学生在校、在家的学习生活情况,把学生的优缺点、学习生活与思想品德客观、真实地告诉对方。教师和家长把创业者的情况相互作及时反馈,学校和家庭才能有目的、有计划、有步骤、有重点地把握学生动态,及时调整教育方法和教育内容,对创业者进行正确的引导。

协调家庭教育与社会、学校创新创业教育,学校尤其是高等学校应扮演更为重要的角色。2015年国务院办公厅发布《国务院办公厅关于深化高等学校创新创业教育改革的实施意见》,明确要求高等学校要通过创新创业教育,使学生的"创新精神、创新思维和创新创业能力"得到显著增强。高校创业教育的本质在于激发创业意识、开拓创新思维,进而张扬企业家精神。创业教育对大学生未来创业态度改变具有重要的积极正向影响(孙爱武、刘满成、石卫星,2018),创业教育要强调创业意识、创业态度的培养,善于发掘创业人群。一般来说,创业与就业、守业相对。人的行为是决策的结果,人是有惯性的,其行为多是依据习惯而行。若非观念改变或形势所逼,一般人不会从事创新事业。因而,高校创业者创业教育必须建立在对人性的深刻解读基础上。国内的创业教育主要侧重于资源整合、课程体系、师资结构等方面的实践,但对于创业者在创业过程中的决策与思维却知之甚少,对创业早期阶段创业者的决策过程重视更是欠缺。创业是一种重要的风险决策行为,创业初期的是否创业决策以及进行决策的逻辑,是决定创业成败以及健康发展的重要因素。创业并非一蹴而就,而是基业长青的动态发展过程。因此,有必要认真对待创业者的创业伊始的创业心理特征与决策逻辑。创业活动是不确定性很高的负责活动,创业教育应着重培育创业者的创新思维与创造性解决问题的能力,而不是设定某种框架,固化创业者的行为模式。根据家庭期望对创业者创业决策的影响,我们应在保持与家庭必要沟通的前提下,及时地将家庭的期望与学校期望结合起来,重构创业教育理念、创业教学目标、创业课程设置、创业课程教学方法等。通过情景设置与模拟等形式,为创业者创设各种不确定环节,以国家期望与家庭期望激发创业者的创新创业激情,培养创业者的情境应变能力、不确定性容忍能力等。

6.4 基于效果逻辑提升创业者创业能力

人有两种思维逻辑:一种是从手段出发达到目的;另一种是从预期结果出发,实施当下行为。对应于创业行为,就有两种创业逻辑:一种是基于目标的因果逻辑理论;另一种是基于效果(Effectuation)的效果逻辑理论。研究和学习创业,不一定要去创办企业,但在不确定时代一定要理解创业的逻辑,要保持旺盛的创业精神,把创业精神和技能运用到自己的工作实践中,进而形成自己的创业(行为)逻辑与创业思维。

因果推理逻辑(Causation)一词最先由哲学家、逻辑学家勃克斯于1977年提出。因果推理逻辑也被称为预测逻辑,因为它强调必须依靠精确的预测和清晰的目标。从哲学意义上看,因果推理逻辑强调因果联系,强调人的主观能动性,认为人能够认知、预测未来。这种行为逻辑广泛体现在既有的、成熟的企业之中。传统管理理论大都强调目标管理,建议人们采用因果推理逻辑开展创业:首先通过环境分析,发现市场机会,制定战略,对市场进行调查和研究,进行竞争分析,估算市场规模,确定目标市场;然后寻找供应商,确定原料数量与质量,计算成本与价格,制定财务规划;最终编写商业计划、整合资源,组建团队并搭建新企业。

这种行为逻辑与我们的高中学习非常类似,在高中阶段绝大部分人会首先设定一个大学目标，然后围绕目标制定计划，然后再以此计划指导日常的学习和生活。这一行为逻辑也与日常生活中的厨师做菜类似，客人已经事先确定了菜单，厨师只需要按照已有菜单购买价格最合理的食材，准备做菜所需的工具，再烹饪即可。在这个过程中，菜单也就是既定目标，之后的一系列准备以及烹饪过程就是为了实现目标所做出的努力。简而言之，因果逻辑就是在目标确定的情况下，在一组可供选择的手段中挑选出一个最优的手段去实现这一确定的目标。

效果逻辑理论是由萨阿斯娃斯（Sarasvathy，2004，2001）提出的，她的导师是 1978 年诺贝尔经济学奖得主西蒙教授。她通过对创业者创业行为的观察和研究，研究出用于解释新企业和新市场创造的效果逻辑理论，该理论是高度不确定性环境下的创业决策理论。该理论指出，在目前已知一系列的既有手段和方法，通过对这些既有的条件来确定它们所能带来的可能性及能创造的效果推进和实现过程。与常规性管理不同，创业管理认为创业实践是不确定的，创业的前提、创业过程、创业结果都是不确定的。不确定问题大量存在于经济生活中，尤其是创业过程中。因而对其的思考逻辑应该是效果推理逻辑，而不是传统的因果推理逻辑。Sarasvathy 认为，效果逻辑（Effectuation）在创立新企业、开发新市场或自主创新等过程中起着关键的作用。与传统思维的因果推理不同，因果逻辑关注决策问题的确定性或风险性，强调科学分析、理性决策和目标实现，而效果逻辑关注决策问题的不确定（目标含糊、决策物），强调抱负指引、执行导向和开发偶然（崔连广、张敬伟、邢金刚，2017）。创业实践显示：初次创业者更多采取"效果逻辑"。与"因果逻辑"理论强调根据预期目标与结果进行创业决策不同，"效果逻辑"理论强调"创造""能够""手段""可承受的损失""伙伴"，更贴近创业实际，更适合初次创业者。

人的行为过程本质是决策过程，创业行为的本质特征亦是如此。国内的创业能力教育主要侧重于资源整合、课程体系、师资结构等方面的研究与实践，对于创业者在创业过程中的决策与思维却知之甚少，对创业早期阶段创业者的决策研究则更少。创业是一种重要的风险决策行为，创业初期是否是创业决策以及是否符合决策的逻辑,是决定创业成败以及健康发展的重要因素。创业并非一蹴而就,而是基业长青的动态发展过程。因此,有必要认真对待创业者的创业伊始的创业心理特征与决策逻辑。过往研究一般侧重于探讨人格特征、自我效能感、风险感知、创业环境、经验等影响因素,这些因素确实能够影响创业决策。但是,比这些因素更为重要的是创业者的创业决策逻辑,这对于创业者来说尤其重要。成功的创业者和新兴领域的初创业者都更倾向于效果逻辑;而在相对确定的创业领域,初创业者比成功创业者更倾向于因果逻辑。效果逻辑,重在因势利导,从实际出发,高校创业教育应该重视培养和发展创业者的优势创业逻辑思维能力,即重视培养和发展创业者以效果逻辑为主的优势创业逻辑,让创业教育不仅是一种在情感引导下的逐利行为,而且是一种以思维创新为目的的教育活动。目前高校创业教育在内容上过于注重把创业看成是一种目标导向的行动,而忽略了创业行为的不确定性,在某种程度上背离了创业教育的初衷。也就是说,高校虽然可以依据某种目标和课程模式规划创业教育内容,但创业者的创业行为并不一定完全依据既定目标进行。高校应该树立明确的教育目标,把重点放在如何培养具有创造力、开拓性、有较强心理素质的创业型人才上,而不是投入大量的时间和精力介绍国家鼓励创业的优惠政策或单方面地进行创业技能的培训。

知识、素质与能力是人才培养的常见内容,而能力养成与提升则在新时代下必须引起社会与高等学校足够的重视。创业者能力包括多种形式,社会急需的创新创业能力越来越凸显。就创业的本质而言,创业能力的实质是决策能力;就创业行为过程而言,创业者能力主要包括创业机会与风险识别能力、创业风险承受能力、创业经验与解决问题能力和寻求合作能力。创业者创业能力实践性很高、时间性很久,而且能否通过创新创业教育得以实现尚无定论。目前国内高校、地方政府都在组织兴办各种形式的创业计划大赛,为大学生创业助力。这为提高创业者创新创业意识、激发他们的创业热情做出了重要贡献,但是创业计划大赛、创业模式等活动,毕竟不同于真实的创业活动,尤其是缺少风险与不确定性,而创业活动的最大特点就是其不确定性以及与此伴生的风险。可以围绕风险而产生的能力应该成为创业者能力的重要组成部分。风险需要防范,更需要识别,在培养创业者风险识别能力时,必须让创业者熟悉来自项目、技能、环境、资源、资金、管理六个方面的不确定因素。项目选择不当,导致企业无法盈利而难以生存;缺乏创业必备的技能和经验必会受挫;无法预料的社会、政治和法律环境变化对创业者创业造成较大影响;社会资源贫乏降低创业获得成功的可能性;与此同时,创业者风险承受能力也需提高。与就业等活动相比,创业本身与创业过程中的风险很大,风险承担意识与风险承担能力往往是决定创业活动成败的关键。不怕风险、正确识别并防范风险,有助于创业者有效管理创业,进而将创业之路进行到底。

  与创业教育一样,家庭期望也会对创业者能力产生重要影响。家庭期望会很大程度上影响创业者的心理状态,尤其是情绪、动机,而情绪与动机等创业心理状态也会影响创业决策。在情绪方面,积极情绪能够增加个体的认知广度和创造力,促使创业者使用多元化的信息搜索渠道,并将信息以更具创造力的方式联结起来。创业者的积极情绪通过两种路径影响创业认知:一是通过启发式加工信息影响创业意愿的形成,二是通过建构式加工影响创业能力的形成,二者共同导致创业者的创业倾向不断增强,从而扩大了创业认知的范围,并提升了创业决策能力。在动机方面,在满足成长需求的促进动机主导下,创业者更倾向于追求信息加工的速度,对收益信息更加敏感。而在满足安全需求的预防动机主导下,创业者更加追求信息加工的准确性,对损失信息更加敏感。在高度不确定性的创业情境压力下,创业者认知过程会受到情感因素的影响,其必须拥有顽强的心理品质来有效地应对,这种心理品质也被称为心理资本。

  效果推理逻辑重视在"干中学"与"学中干"。研究发现,与书本知识相比,实践经验对创业更重要,尤其是创业经验。以往的创业经验会使创业者积累很多关于创业的隐性知识,这些隐性知识与经历有助于创业者形成有效的直觉决策与启发式决策。很多实证研究支持了干中学的论断,例如,具有创业经验的创业者开创的新企业绩效更好。更多的创业体验会使创业者冷静面对新问题、新状况。有学者认为,学校的创业技能教育作用不大,大部分关于机会识别和处理新事物的知识只有从实干中才能学到。例如,创业者只有亲自创立了组织,才能学会如何制定规章制度,只有亲自采取行动,才会有机会遇到各种机会与问题,才会收集、分析信息,才会不断地调整策略。

创业学习有助于形成创业逻辑、训练创业思维、提高创业能力,从而提升创业绩效。创业者个体和组织既可以从日常积累中学习,也可以从关键事件中学习。现有的、成熟的企业结构较为稳定、规章完善、系统庞杂,因此以日常的积累学习为主。而创业企业面临的是创业活动本身的高风险和高不确定性,使得创业过程充满了戏剧性和挑战,这些戏剧性和挑战所引发的关键事件对创业者影响巨大,因此创业者不是按部就班式地学习,而更多是从关键事件中反思学习。创业者创业学习本质上是一个不断试错进而有所发现的活动。创业者每做出一项决策后就会根据决策结果进行修正,在错误中积累经验、吸取教训,不断向前推进。因此,创业采用的是从试错中发现信息的演化路径,创业学习是一种试错式学习。正是因为如此,很多学者倡导为创业者提供宽容错误和失败的创业环境,尤其对于创业者来说,可以试错恰恰是其一大优势。既然创业者需要从实干中学习,需要从关键事件中去学习,那么就需要为他们提供一个包容的创业环境,允许失败,甚至可以鼓励失败,只有这样,创新与创业文化才可以逐渐形成。创业者是自信的,甚至好多是过度自信的,从创业机会的发现到企业生成的过程中,创业者的自信与乐观往往会越来越强。不仅如此,学者们还指出,关键事件引发的学习通常是质变的、高水平的、深刻的。关键事件毕竟很突然、很严重,因而会给创业者带来巨大心理压力,甚至严重的情感创伤,进而使其信仰与价值观受到挑战。尽管如此,关键事件带来的积极的学习效果是长期而显著的。但是,创业依然可以有捷径,依然可以借力。单纯靠创业者自身积累创业经验,代价太高,企业发展速度也慢,而向创业前辈、天使投资、风险投资等创业经验丰富的人士请教,则可以达到事半功倍的效果。

附录　调查问卷

家庭期望、创业决策与新创企业成长调查问卷

尊敬的先生/女士：

您好！首先感谢您作为创业者参与本问卷调查。本调查目的在于研究家庭期望与新创企业成长的关系，以更好地服务家庭企业创业者。问卷填写的真实性，将为我们的研究工作奠定坚实的基础。我们承诺调研所获信息仅用于学术研究，绝不向第三方提供关于您、您家庭与企业的任何信息。

谢谢您的配合。

一、个人基本信息：请在正确选项后的括号中打"√"

1. 您的性别：

（1）男（　）　　　　　（2）女（　）

2. 您的年龄：

（1）30 岁以下（ ）　　（2）30～39 岁（ ）　　（3）40～49 岁（ ）

（4）50～59 岁（ ）　　（5）60 岁及以上（ ）

3. 您的专业：

（1）理科（ ）　　　　（2）工科（ ）　　　　（3）经管（ ）

（4）文史哲（ ）　　　（5）医学（ ）　　　　（6）法学（ ）

（7）艺术（ ）　　　　（8）农学（ ）　　　　（9）其他（ ）

4. 您的学历：

（1）高中及以下（ ）　（2）大专（ ）　　　　（3）本科（ ）

（4）研究生（ ）

5. 您是否接受过创业教育：

（1）从未有过（ ）

（2）很少接触（ ）

（3）参加过一些创业课程、讲座或比赛（ ）

（4）接受过系统的创业教育（ ）

二、家庭企业基本情况：请在正确选项后的括号中打"√"

6. 家庭企业所在地	省会城市或直辖市（ ）　　地级市（ ）　　县城（ ）　　农村（ ）
7. 企业员工人数	10 人以下（ ）　　10～49 人（ ）　　50～99 人（ ）　　100 人以上（ ）
8. 企业成立时间	1 年以内（ ）　　1～2 年（ ）　　2～3 年（ ）　　3～8 年（ ）
9. 企业所属行业	制造业（ ）　　信息产业（ ）　　建筑业（ ）　　批发和零售业（ ）　　电商（ ）　　房地产业（ ）　　维修服务业（ ）　　交通运输、快递业（ ）　　住宿和餐饮业（ ）　　农林牧渔业（ ）　　文化、体育、娱乐业（ ）　　家政服务（ ）　　其他行业（ ）
10. 行业平均经营业绩	很高（ ）　　较高（ ）　　一般（ ）　　不太高（ ）　　不高（ ）
11. 行业经营环境的不确定性	很高（ ）　　较高（ ）　　一般（ ）　　不太高（ ）　　不高（ ）

三、问卷主体

请根据您家庭及企业的实际情况,就每个题项的同意程度进行评价,在每题后面的小方格中打"√"。

完全不同意 1	不同意 2	不太同意 3	一般 4	比较同意 5		同意 6		完全同意 7		
题号			题项	1	2	3	4	5	6	7
一、经济利益期望										
12.	家庭经济收入足以维持家庭成员日常生活开支									
13.	家庭经济条件在本地区处于中游水平									
14.	家庭经济收入年年稳定增长									
15.	家庭经济财富足以支持家庭成员过上体面的生活									
16.	家庭经济财富已经让家庭成员实现财富自由									
17.	家庭经济财富足以支持家庭成员去追求自己的事业									
二、非经济利益期望										
18.	家庭在本地区有一定的社会地位									
19.	家庭已经融入社会,有良好的社会关系									
20.	家庭在本地区享有一定的荣誉									
21.	家庭主要成员在本地区有一定的知名度									
22.	家庭已经形成良好的家风									
23.	家庭成员都拥有舒适的生活方式									
24.	家庭成员喜欢聚在一起共享时光									
25.	家庭成员常常会感觉到家的温暖与温馨									
26.	家庭成员都具有影响力和感染力									
27.	家庭鼓励成员将来在家庭中有一定的权威性									
28.	家庭成员敢作敢为有魄力									
29.	家庭鼓励成员拥有财务支配权									
30.	家庭成员常常相互鼓励相互追赶									
31.	家庭成员渴望出类拔萃									
32.	家庭成员都能够追求卓越									

续表

完全不同意 1	不同意 2	不太同意 3	一般 4	比较同意 5	同意 6	完全同意 7				
题号			题项			1	2	3	4	5	6	7

题号	题项	1	2	3	4	5	6	7
三、生产性创业决策								
33.	企业会开发新产品与新服务							
34.	新产品与新服务是企业竞争制胜的关键							
35.	企业会使用新的原料与半成品							
36.	企业会开拓新市场							
37.	企业会进行技术升级换代							
四、非生产性创业决策								
38.	为了企业利益,生产危险的产品与服务是可以接受的							
39.	为了企业利益,寻租是可以接受的							
40.	顾客往往会购买企业开发的欺骗性的产品与服务							
41.	企业可以利用法律法规的瑕疵谋求利润							
五、制度感知								
42.	我们对现行的法律制度有信心							
43.	政府能够有效保护财产权与知识产权							
44.	政府尽力为企业提供良好的投资环境							
45.	政府政策具有稳定性与连续性							
六、新创企业成长								
46.	我们企业的市场份额增长快							
47.	我们企业推出新产品或新服务的速度快							
48.	我们企业的利润高							
49.	我们企业的社会声誉好							
50.	我们企业的员工数量不断增长							

再次感谢您的参与!

参考文献

[1] Ajzen I., Fishbein M. Understanding attitudes and predicting behavior [M]. Englewood Cliffs: Prentice – Hall, 1980.

[2] Ajzen I. The theory of planned behavior [J]. Organizational Behavior and Human Decision Processes, 1991, 50 (2): 179 – 211.

[3] Alexander C. R., Cohen M. A. New evidence on the origins of corporate crime [J]. Managerial and Decision Economics, 1996, 17 (4): 421 – 435.

[4] Arlen J. H. Carney W. J. Vicarious liability for fraud on securities markets: Theory and evidence [J]. University of Illinois Law Review, 1992 (4): 691.

[5] Baron, R. and Ward, T. B. Expanding entrepreneurial cognition's toolbox: Potential contributions from the field of cognitive science [J]. Entrepreneurship Theory and Practice, 2004 (28): 553 – 574.

[6] Baron, R. A. The cognitive perspective: A valuable tool for answering entrepreneurship's basic "Why" questions [J]. Journal of Business Venturing, 2004, 19 (2): 221 – 239.

[7] Baron, R. Cognitive mechanisms in entrepreneurship: Why and when entrepreneurs think differently than other people [J]. Journal of Business Venturing, 1998, 13 (4): 275 – 294.

[8] Barreto, I. Solving the entrepreneurial puzzle: The role of entrepreneurial interpretation in opportunity formation and related processes [J]. Journal of Management Studies, 2012, 49 (2): 356 – 380.

[9] Baucus M. S. Pressure, opportunity and predisposition: A multivariate model of organization illegality [J]. Journal of Management, 1994, 20 (4): 699 – 721.

[10] Baum J. A. C., Rowley T., Shipilov A., et al. Dancing with strangers: Aspiration performance and the search for underwriting syndicate partners [J]. Administrative Science Quarterly, 2005, 50 (4): 536 – 575.

[11] Baum, J. R., Locke, E. A. The relationship of entrepreneurial traits, skill, and motivation to subsequent venture growth [J]. Journal of Applied Psychology, 2004, 89 (4): 587 – 598.

[12] Baumol W. J. Entrepreneurship: Productive, unproductive, and destructive [J]. Journal of Political Economy, 1990, 98 (5): 893 – 921.

[13] Beck T., Demirg – Kunt A., Maksimovic V. Financial and legal constraints to firm growth: Does size matter? [J]. Journal of Finance, 2005, 60 (1): 137 – 177.

[14] Begley T. M. Using founder status, age of firm, and company growth rate as the basis for distinguishing entrepreneurs from managers of smaller businesses [J]. Journal of Business Venturing, 1995 (10): 249 – 263.

[15] Berrone, P., Cruz, C. & Gomez – Mejia, L. R. Socioemotional wealth in family firms theoretical dimensions, assessment approaches, and agenda for future research [J]. Family Business Review, 2012, 25 (3): 258 – 279.

[16] Blume, B. D. and Covin, J. G. Attributions to intuition in the venture founding process: Do entrepreneurs actually use intuition or just say that they do? [J]. Journal of Business Venturing, 2011 (26): 137 – 151.

[17] Bolton M. K. Organizational innovation and substandard performance: When

is necessity the mother of innovation? [J]. Organization Science, 1993, 4 (1): 57 – 75.

[18] Breton – Miller, L. & Miller, D. Socioemotional wealth across the family firm life cycle: A commentary on "family business survival and the role of boards" [J]. Entrepreneurship Theory and Practice, 2013, 37 (6): 1391 – 1397.

[19] Bromiley P. Testing a causal model of corporate risk taking and performance [J]. Academy of Management Journal, 1991, 34 (1): 37 – 59.

[20] Carsrud, A. & Brännback, M. Entrepreneurial motivations: What do we still need to know? [J]. Journal of Small Business Management, 2011 (49): 9 – 26.

[21] Chen Wei – Ru. Determinants of firms' backward – and forward – looking R&D search behavior [J]. Organization Science, 2008, 19 (4): 609 – 622.

[22] Chrisman J. J., Patel P. C. Variations in R&D investments of family and non – family firms: Behavioral agency and myopic loss aversion perspectives [J]. Academy of Management Journal, 2012, 55 (4): 976 – 997.

[23] Chrisman J., Chua J., Zahra S. Creating wealth in family firms through managing resources: Comments and extensions [J]. Entrepreneurship Theory and Practice, 2003, 27 (4): 331 – 338.

[24] Chrisman, J. J., Chua, J. H., Pearson, A. W., Barnett, T. Family involvement, family influence, and family – centered non – economic goals in small firms [J]. Entrepreneurship Theory and Practice, 2012, 36 (2): 267 – 293.

[25] Chua J. H., Chrisman J. J., Sharma P. Defining the family business by behavior [J]. Entrepreneurship: Theory and Practice, 1999, 23 (4): 19 – 39.

[26] Claessens S., Luc L. Financial development, property rights and growth [R]. World Bank Policy Research Working Paper 2924, November, 2002.

[27] Comegys, C. Cognitive dissonance and entrepreneurial behavior [J]. Journal of Small Business Management, 1976 (14): 1 – 6.

[28] Corbett, A. C. Learning asymmetries and the discovery of entrepreneurial opportunities [J]. Journal of Business Venturing, 2007 (22): 97 – 118.

[29] Cyert R. M., March J. G. A behavioral theory of the firm [M]. Englewood Cliffs, NJ: Prentice Hall, 1963.

[30] Dess G. & Beard D. Dimensions of organizational task environments [J]. Administrative Science Quarterly, 1984 (29): 52 – 73.

[31] Djankov, S., Miguel, E., Qian, Y., Roland, G. & Zhuravskaya, E. Entrepreneurship: First results from Russia [J]. CEPR Discussion Papers, 2006 (7): 1 – 19.

[32] Fahlenbrach R. Founder – CEOs, investment decisions, and stock market performance [J]. Journal of Financial and Quanti – tative Analysis, 2009, 44 (2): 439 – 466.

[33] Fiegenbaum A. Prospect theory and the risk – return association: An empirical examination in 85 industries [J]. Journal of Economic Behavior and Organizations, 1990, 14 (2): 187 – 203.

[34] Fiet, J. O. The pedagogical side of entrepreneurship theory [J]. Journal of Business Venturing, 2000 (16): 101 – 117.

[35] Fishbein M., AjzenI. Belief, attitude, intention an behavior, an introduction to theory and research [M]. Mass: Addison – Wesley, 1975.

[36] Foo, M. D., Uy, M. A. and Murnieks, C. Beyond affective valence: Untangling valence and activation influences on opportunity identification [J]. Entrepreneurship Theory and Practice, 2015 (3): 407 – 423.

[37] Frank Knight, Risk. Uncertainty and profit [M]. New York: Houghton Mifflin Co., 1921.

[38] Frederick, S., Loewenstein, G. & O'donoghue, T. Time discounting and time preference: A critical review [J]. Journal of Economic Literature, 2002, 40

(2): 351 – 401.

[39] Gilad, B. & Levine, P. A behavioral model of entrepreneurial supply [J]. Journal of Small Business Management, 1986 (24): 45 – 54.

[40] Gimeno J., Folta T. B., Cooper A. C., et al. Survival of the fittest? Entrepreneurial human capital and the persistence of underperforming firms [J]. Administrative Science Quarterly, 1997, 42 (4): 750 – 783.

[41] Gimeno, J., Folta, T. B., Cooper, A. C., Woo, C. Y. Survival of the Fittest? Entrepreneurial human capital and the persistence of under – performing firms [J]. Administrative Science Quarterly, 1997, 42 (4): 750 – 783.

[42] Gomez – Mejia, L. R. & Wiseman, R. M. Does agency theory have universal relevance? A reply to lubatkin, lane, collin, and very [J]. Journal of Organizational Behavior, 2007, 28 (1): 81 – 88.

[43] Gomez – Mejia, L. R., Haynes, K. T., Núñez – Nickel, M., Jacobson, K. J. & Moyano – Fuentes, J. Socioemotional wealth and business risks in family – controlled firms: Evidence from Spanish olive oil mills [J]. Administrative Science Quarterly, 2007, 52 (1): 106 – 137.

[44] Gomez – Mejia, L. R., Hoskisson, R. E., Makri, M., Sirmon, D. G. & Campbell, J. T. Innovation and the preservation of socioemotional wealth: The paradox of R&D investment in family controlled high technology firms [D]. Unpublished Paper, Management Department, Texas A&M University, 2011.

[45] Gomez – Mejia, L. R., Larraza – Kintana, M. & Makri, M. The determinants of executive compensation in family – controlled public corporations [J]. Academy of Management Journal, 2003, 46 (2): 226 – 237.

[46] Gomez – Mejia, L. R., Makri, M. & Kintana, M. L. Diversification Decisions in Family – Controlled Firms [J]. Journal of Management Studies, 2010, 47 (2): 223 – 252.

[47] Gomez – Mejia, L. R., Nuñez – Nickel, M., Gutierrez, I. The role of family ties in agency contracts [J]. Academy of Management Journal, 2001, 44 (1): 81 – 95.

[48] Gomez – Mejia, L. R., Wiseman, R. M. Does agency theory have universal relevance? A reply to lubatkin, lane, collin, and very [J]. Journal of Organizational Behavior, 2007, 28 (1): 81 – 88.

[49] Greve H. R. Investment and the behavioral theory of the firm: Evidence from shipbuilding [J]. Industrial and Corporate Change, 2003b, 12 (5): 1051 – 1076.

[50] Greve H. R. Organizational learning from performance feedback: A behavioral perspective on innovation and change [M]. Cambridge University Press: Cambridge, U. K., 2003.

[51] Greve H. R. Performance, aspirations, and risky organizational change [J]. Administrative Science Quarterly, 1998, 43 (1): 58 – 86.

[52] Hart O., Moore J. Contracts as reference points [J]. Quarterly Journal of Economics, 2008, 123 (1): 1 – 48.

[53] Hart O. Hold – up, asset ownership, and reference points [J]. Quarterly Journal of Economics, 2009, 124 (1): 267 – 300.

[54] Hayward M. L. A., Hambrick D. C. Explaining the premiums paid for large acquisitions: Evidence of CEO hubris [J]. Administrative Science Quarterly, 1997 (42): 103 – 127.

[55] Holyoak, K. J. Analogical thinking and human intelligence [J]. Advances in the Psychology of Hunan Intelligence, 1984 (1): 7 – 14.

[56] Hova Kimian A. The role of target leverage in security issues and repurchases [J]. Journal of Business, 2004 (77): 1041 – 1071

[57] Judge T., Bono J., Llies R., Gerhardt M. Personality and leadership: A

qualitative and quantitative review [J]. Journal of Applied Psychology, 2002 (87): 765 – 780.

[58] Kahneman D., Tversky A. Prospect theory: An analysis of decision under risk [M]. Econometrica, 1979.

[59] Katz, J. A. Education and training in entrepreneurship. In J. R. Baum, M. Frese & R. A. Baron. (Eds.) The psychology of entrepreneurship [M]. Mahwah, NJ: Erlbaum, 2007.

[60] Kuratko, D. F., Hornsby, J. S. & Naffziger, D. W. An examination of owner's goals in sustaining entrepreneurship [J]. Journal of Small Business Management, 1997 (1): 24 – 33.

[61] La Porta Rafael, Lopez – de – Silanes F., Shleifer A., et al. Law and finance [J]. Journal of Political Economy, 1998, 106 (6): 1113 – 1155.

[62] Lant T. K. Aspiration level adaptation: An empirical exploration [J]. Management Science, 1992, 38 (5): 623 – 644.

[63] Lant T., Mezias S. J. A organizational learning model of convergence and reorientation [J]. Organization Science, 1992 (3): 47 – 71.

[64] Lawrence R. R., Lorsch J. W. Organization and environment [M]. Boston Harvard University, Graduate School of Business Administration, 1967.

[65] Lee & Wong. An exploratory study of techno entrepreneurial intentions: A career anchor perspective [J]. Journal of Business Venturing, 2004 (1): 7 – 28.

[66] Lehman D. W., Ramanujam R. Selectivity in organizational rule violations [J]. Academy of Management Review, 2009, 34 (4): 643 – 657.

[67] Letcher, L. and Niehoff, B. Psychological capital and wages: A behavioral economic approach [R]. Paper Submitted to Beconsidered for Presentation at the Midwest Academy of Management, Minneapolis, M. N., 2004.

[68] Levinthal D. A., March J. G. The myopia of learning [J]. Strategic Man-

agement Journal, 1993 (14): 95 - 112.

[69] Levinthal D. A., March J. A model of adaptive organizational search [J]. Journal of Economic Behavior and Organization, 1981 (2): 307 - 333.

[70] Lewin, K. Resolving socialconflicts (Ed. By G. W. Lewin) [M]. New York: Harper & Brother Publishers. Pxiv, 1948.

[71] Lumpkin G. T., Dess G. G. Clarifying the entrepreneurial orientation construct and linking it to performance [J]. Academy of Management Review, 1996 (21): 135 - 172.

[72] March J. G., Shapira Z. Managerial perspectives on risk and risk taking [J]. Management Science, 1987, 33 (11): 1404 - 1418.

[73] March J. G. How decisions happen in organizations [J]. Human - Computer Interaction, 1991 (6): 95 - 117.

[74] March J. G. Variable risk preferences and adaptive aspirations [J]. Journal of Economy Behavior & Organization, 1988: 9 (1): 5 - 24.

[75] Mezias S. J., Murphy P. R., Chen Y. R. Aspiration - level adaptation in an American financial services organization: A field study [J]. Management Science, 2002, 48 (10): 1285 - 1300.

[76] Miller D. The correlates of entrepreneurship in three types of firms [J]. Management Science, 1983 (29): 770 - 791.

[77] Miller K. D., Bromiley P. Strategic risk and corporate performance: An analysis of alternative risk measures [J]. Academy of Management Journal, 1990, 33 (4): 756 - 779.

[78] Miller, D., Le Breton - Miller, I. & Lester, R. H. Family firm governance, strategic conformity, and performance: Institutional vs. strategic perspectives [J]. Organization Science, 2013, 24 (1): 189 - 209.

[79] Milliken F. J., Lant T. K. The effect of an organization's recent perform-

ance history on strategic persistence and change [M]. Greenwich, CT: JAI press, 1991.

[80] Milliken F. J., Theresa K. L. The effects of an organization's recent performance history on strategic persistence and change: The role of managerial interpretations [M]//Shrivastava P., Huff A., Dutton J. (Eds.) Advances in Strategic Management, Greenwich, CT: JAI Press, 1991 (7): 129 – 156.

[81] Mishina Y., Dykes B. J., Block E. S., et al. Why "good" firms do bad things: The effects of high aspirations, high expectations, and prominence on the incidence of corporate illegality [J]. Academy of Management Journal, 2010, 53 (4): 701 – 722.

[82] Mitchell R. K., Busenitz L., Bird B., Gaglio C. M., Mc Mullen J. S., Morse E. A. and Smith J. B. The central questionin entrepreneurial cognition research [J]. Entrepreneurship Theory andPractice, 2007, 31 (1): 1 – 27.

[83] Nelson R. R., Winter S. G. The schumpeterian trade off revisited [J]. American Economic Review, 1982, 72 (1): 114 – 132.

[84] Plomin R. & Daniels D. Why are children in the same family so different from one another? [J]. Behavioral and Brain Sciences, 1987 (10): 1 – 16.

[85] Powell T. C., Lovallo D., Fox C. R. Behavioral strategy [J]. Strategic Management Journal, 2011, 32 (13): 1369 – 1386.

[86] Prelec D. & Loewenstein G. Decision making over time and under uncertainty: A common approach [J]. Management Science, 1991, 37 (7), 770 – 786.

[87] Quinn J. B. Strategies for change: Logical incrementalism [M]. Homewood, IL: Dow – Jones Irwin, 1980.

[88] Riegel K. F. Towards a dialectic theory of development [J]. Human Development, 1975 (18): 50 – 64.

[89] Rindova V., Barry D. & Ketchen D. J. Introduction to special topic forum:

Entrepreneuring as emancipation [J]. Academy of Management Review, 2009 (34): 477 – 491.

[90] Robichaud Y., McGraw E. & Roger A. Toward the development of a measuring instrument for entrepreneurial motivation [J]. Journal of Developmental Entrepreneurship, 2001 (6): 189 – 201.

[91] Ryan R. M. & Deci E. L. Self – determination theory and the facilitation of intrinsic motivation, social development, and well – being [J]. American Psychologist, 2000 (55): 68 – 78.

[92] Sarasvathy S. D. Causation and effectuation: Toward a theoretical shift from economic inevitability to entrepreneurial contingency [J]. Academy of Management Review, 2001, 26 (2): 243 – 164.

[93] Sarasvathy S. D. Making it happen: Beyond theories of the firm to theories of firm design [J]. Entrepreneurship: Theory & Practice, 2004, 28 (6): 519 – 532.

[94] Schulze W. S., Lubatkin M. H., Dino R. N. Altruism, agency and the competitiveness of family firms [J]. Management and Decision Economic, 2002 (23): 247 – 259.

[95] Schulze W. S., Lubatkin M. H., Dino R. N. Exploring the agency consequences of ownership dispersion among the directors ofprivate family firms [J]. Academy of Management Journal, 2003, 46 (2): 179 – 194.

[96] Senge Peter M. The fifth discipline: The art and practice of the learning organization [R]. 1990.

[97] Sharma P., Chrisman J. J., Chua J. H. Strategic management of the family business: Past research and future challenges [J]. Family Business Review, 1997, 10 (1): 1 – 35.

[98] Singh J. V. Performance, slack, and risk taking in organizational decision making [J]. The Academy Management Journal, 1986, 29 (3): 562 – 585.

[99] Souitaris, Zerbinati & Al-Laham. Do entrepreneurship programmes raise entrepreneurialintention of science and engineering students? The effect of learnin inspiration and resources [J]. Journal of Business Venturing, 2007 (22): 566-591.

[100] Van de & Poole. Explaining development and change in organizations [J]. The Academy of Management Review, 1995 (3): 510-540.

[101] Wagner J. Nascent necessity and opportunity entrepreneurs in Germany: Evidence from the Regional Entrepreneurship Monitor (REM) [J]. University of Luneburg, 2005 (10): 1-4.

[102] Wiseman R. M., Gomez-Mejia L. R. A behavioral agency model of managerial risk taking [J]. The Academy of Management Review, 1998, 23 (1): 133-153.

[103] Zellweger T. M., Nason R. S., Nordqvist M. From longevity of firms to transgenerational entrepreneurship of families: Introducing family entrepreneurial orientation [J]. Family Business Review, 2012 (25): 136-155.

[104] Zhang X. M., Bartol K. M., Smith K. G. P. CEO on the edge: Earnings manipulation and stock-based incentive misalignment [J]. Academy of Management Journal, 2008, 51 (2): 241-258.

[105] 曹文. 帕森斯结构功能主义理论的道德教育价值研究 [D]. 山东师范大学博士学位论文, 2015.

[106] 陈美君. 主动性人格与大学生创业意向的关系研究 [D]. 暨南大学硕士学位论文, 2009.

[107] 陈士慧. 家族关系对企业创业导向的影响: 检验家族企业的异质性 [D]. 浙江大学博士学位论文, 2016.

[108] 陈震红, 董俊武. 中国创业者的风险感知与创业决策——以武汉"中国光谷"的创业者为例 [J]. 当代财经, 2007 (9): 10-16.

[109] 陈震红. 创业者创业决策的风险行为研究 [D]. 武汉理工大学博士

学位论文，2004．

[110] 崔连广，张敬伟，邢金刚．不确定环境下的管理决策研究——效果推理视角 [J]．南开管理评论，2017（10）：105-115．

[111] 代吉林，张支南，盛志鹏．家族导向、创业导向与家族企业成长——以组织学习为调节变量 [J]．软科学，2015（10）：53-58．

[112] 丹·洛瓦洛，丹尼尔·卡内曼．项目投资：为什么总是看走眼？[J]．哈佛商业评论，2003（9）：23-24．

[113] 丁东红．米德文选 [M]．北京：社会科学文献出版社，2007．

[114] 窦大海、罗瑾琏．创业动机的结构分析与理论模型构建 [J]．管理世界，2011（3）：182-183．

[115] 杜红．经理人员成就动机的结构、评价与机制研究 [D]．浙江大学博士学位论文，2001．

[116] 段锦云，王朋，朱月龙．创业动机研究：概念结构、影响因素和理论模型 [J]．心理科学进展，2012（5）：698-704．

[117] 费孝通．费孝通选集 [M]．天津：天津人民出版社，1988．

[118] 龚婧，卢正天，孟静怡．父母期望越高，子女成绩越好吗——基于CFPS（2016）数据的实证分析 [J]．上海教育科研，2018（10）：12-16．

[119] 何大安．行为经济人有限理性的实现程度 [J]．中国社会科学，2004（4）：91-101．

[120] 何志聪．中小民营企业家创业动机及其影响因素研究 [D]．浙江大学博士学位论文，2004．

[121] 贺丹．大学生创业倾向的影响因素分析 [D]．浙江大学硕士学位论文，2006．

[122] 贺小刚，邓浩，吕斐斐，李新春．期望落差与企业创新的动态关系——冗余资源与竞争威胁的调节效应分析 [J]．管理科学学报，2017（5）：13-34．

[123] 贺小刚,邓浩,吴诗雨. 赶超压力与公司败德行为:来自中国上市公司的数据分析 [J]. 管理世界,2015 (9):104-124.

[124] 贺小刚,李新春. 企业家能力与企业成长:基于中国经验的实证研究 [J]. 经济研究,2005 (10):101-111.

[125] 贺小刚,连燕玲,吕斐斐. 期望差距与企业家的风险决策偏好——基于中国家族上市公司的据分析 [J]. 管理科学学报,2016 (8):1-20.

[126] 贺小刚,连燕玲,张远飞. 经营期望与家族内部的权威配置——基于中国上市公司的数据分析 [J]. 管理科学学报,2013 (4):63-82.

[127] 贺小刚. 企业家能力与企业成长:一个能力理论的拓展模型 [J]. 科技进步与对策,2006 (9):45-49.

[128] 赫伯特·A. 西蒙. 管理行为 [M]. 北京:机械工业出版社,2004.

[129] 刘保中,张月云,李建新. 家庭社会经济地位与青少年教育期望:父母参与的中介作用 [J]. 北京大学教育评论,2015 (3):158-176.

[130] 蒋雁. 大学生创业倾向影响因素的结构方程构建与实证研究——以温州在校大学生为例 [D]. 浙江工商大学硕士学位论文,2008.

[131] 蓝海林. 企业战略管理:承诺、决策和行动 [J]. 管理学报,2015 (5):664-667.

[132] 李华晶,张玉利,王秀峰. 基于 CPSED 的创业者伦理与创业机会关系研究 [J]. 管理学报,2014 (1):95-100.

[133] 李慧. 大学生前瞻性人格、创业意向与创业学习的关系研究 [D]. 河南大学硕士学位论文,2010.

[134] 李静薇. 创业教育对大学生创业意向的作用机制研究 [D]. 南开大学博士学位论文,2013.

[135] 李胜文,李新春,李大胜. 创业精神的生产性与非生产性:一个制度的视角 [J]. 经济问题探索,2011 (3):35-40.

[136] 李伟. 企业家风险偏好对企业投资决策行为的影响研究 [D]. 首都

经济贸易大学博士学位论文，2013.

[137] 李新春，刘莉. 家族创业研究：一个理论研究的新范式 [J]. 吉林大学社会科学学报，2008（8）：145-154.

[138] 李栩，侯志瑾，冯缦. 学生父母生涯发展期望、主动性人格、生涯适应力和生涯决策困难的关系 [J]. 中国临床心理学杂志，2013（2）：263-267.

[139] 连燕玲，周兵，贺小刚，温丹玮. 经营期望、管理自主权与战略变革 [J]. 经济研究，2015（8）：31-44.

[140] 连燕玲，周兵，刘俊良. 合规还是违规？期望落差下的冒险决策分析——基于中国上市公司的数据分析 [J]. 管理学季刊，2016（01/02）：47-72.

[141] 刘保中，张月云，李建新. 社会经济地位、文化观念与家庭教育期望 [J]. 青年研究，2014（6）：46-52.

[142] 刘东华，和金生. 企业战略决策动态能力构建——利益相关者方法 [J]. 经济问题探索，2011（5）：85-90.

[143] 刘贵来，崔晓培. 家庭要素对大学生自主创业的影响 [J]. 河北经贸大学学报（综合版），2013（1）：126-128.

[144] 刘洪. 组织复杂性：动因、控制与利用 [J]. 经济管理，2007（1）：32-35.

[145] 刘洪. 组织复杂性管理研究评述 [J]. 管理学家（学术版），2008（3）：270-280.

[146] 刘洪志，江程铭，饶俪琳，李纾. "时间折扣"还是"单维占优"——跨期决策的心理机制 [J]. 心理学报，2015（4）：522-532.

[147] 刘九林. 当代社会心理学中"勒温传统"的内涵及影响 [J]. 菏泽学院学报，2005（3）：88-92.

[148] 刘梦洁，冯喜珍，何秋瑾. 父母期望的研究述评 [J]. 课程教育研究，2015（36）：136-139.

[149] 刘向东. 战略领导特征及其对企业战略选择和绩效影响机制研究 [D]. 南开大学博士学位论文, 2011.

[150] 刘小元, 林嵩, 李汉军. 创业导向、家族涉入与新创家族企业成长 [J]. 管理评论, 2017（10）: 42-57.

[151] 刘宇鹏. 父母期望、学业自我概念与青少年内化问题之间的关系 [D]. 山东师范大学硕士学位论文, 2016.

[152] 刘志. 大学生创业意向的结构、影响因素及提升对策研究 [D]. 东北师范大学博士学位论文, 2013.

[153] 逯东, 万丽梅, 杨丹. 创业板公司上市后为何业绩变脸? [J]. 经济研究, 2015（2）: 132-144.

[154] 吕迪伟, 蓝海林, 陈伟宏. 绩效反馈的不一致性与研发强度的关系研究 [J]. 管理评论, 2018（4）: 50-61.

[155] 吕斐斐, 邓艳斌, 贺小刚. 家庭期望与创业坚持: 参考点效应影响研究 [J]. 南开商业评论, 2017（5）: 41-55.

[156] 马斯洛. 动机与人格 [M]. 北京: 中国人民大学出版社, 2013.

[157] 梅胜军, 徐雅仙. 大学生创业风险决策的心理机制 [J]. 经营与管理, 2014（4）: 141-145.

[158] 牛骅, 李祚山. 大学创业动机与心理资本的关系 [J]. 心理研究, 2014（6）: 64-69.

[159] 潘安成. 家族性、社会认知与家族创业行为 [J]. 南开管理评论, 2011（3）: 91-100.

[160] 潘国峰. 家庭期望对大学生就业的影响研究 [D]. 华东交通大学硕士学位论文, 2014.

[161] 彭伟, 顾汉杰, 符正平. 联盟网络、组织合法性与新创企业成长关系研究 [J]. 管理学报, 2013（12）: 1760-1769.

[162] 秦磊, 李东红. 企业家价值偏好对企业家活动配置选择的影响 [J].

经济问题探索，2011（5）：24-29.

[163] 秦志华，赵婧，胡浪. 创业决策机理研究：影响因素与作用方式[J]. 经济理论与经济管理，2015（3）：94-101.

[164] 曲贵卿，张海涛. 帕森斯与默顿的结构功能主义比较分析[J]. 通化师范学院学报，2008（9）：36-40.

[165] 渠改萍. 符号互动理论述评[J]. 太原大学学报，2010（3）：41-45.

[166] 赛尔特，马奇. 企业行为理论[M]. 北京：商务印书馆，1963.

[167] 沙彦飞，贺小刚，郭立新，李建升. 企业家意志与企业生成——兼评主流企业起源理论[J]. 技术经济与管理研究，2018（9）：47-51.

[168] 申荷永. 论勒温心理学中的动力[J]. 心理学报，1991（3）：306-312.

[169] 盛宇华，王平. 战略决策行为研究[M]. 北京：人民出版社，2006.

[170] 史达. 关系、面子与创业行为：社会资本视角的研究[J]. 财经问题研究，2011（3）：35-40.

[171] 眭文娟，张慧玉. 创新性与新创企业成长间关系的实证分析——合法性的中介效应[J]. 技术经济，2014（8）：16-25.

[172] 孙爱武，刘满成，石卫星. 创业教育对大学生创业态度的影响研究[J]. 江苏高教，2018（11）：83-87.

[173] 孙维. 创业警觉性、心理资本、知识共享对大学生创业决策的机理分析[J]. 扬州大学学报（高教研究版），2016（1）：72-75.

[174] 田永坡，王鹤昕. 国外大学生创业状况及影响因素分析[J]. 经济学动态，2011（8）：142-145.

[175] 涂国前，刘峰. 制衡股东性质与制衡效果——来自中国民营化上市公司的经验证据[J]. 管理世界，2010（11）：132-142.

[176] 王菁，程博，孙元欣. 期望绩效反馈效果对企业研发和慈善捐赠行为

的影响［J］. 管理世界，2014（8）：115－133.

［177］王菁. 期望绩效反馈、政企关系与公司研发投资关系研究［J］. 经济与管理，2018（12）：54－59.

［178］王敏，章辉美. 帕森斯社会组织思想的几个问题［J］. 求索，2005（6）：46－49.

［179］王玉坤，杜秀莲，杜秀芳. 决策角色和成就动机对大学生创业决策的影响［J］. 中国特殊教育，2015（4）：75－80.

［180］吴隽，张建琦，刘衡，郭子生. 新颖型商业模式创新与企业绩效：效果推理与因果推理的调节作用［J］. 科学学与科学技术管理，2016（4）：59－69.

［181］西蒙. 现代决策理论的基石［M］. 北京：北京经济学院出版社，1989.

［182］夏人青，罗志敏，严军. 中国大学生创业政策的回顾与展望（1999～2011）［J］. 理论经纬，2012（1）：23－26.

［183］熊彼特. 经济发展理论［M］. 北京：九州出版社，2007.

［184］杨春华. 教育期望中的社会阶层差异：父母的社会地位和子女教育期望的关系［J］. 清华大学教育研究，2006（4）.

［185］杨隽萍，唐鲁滨，于晓宇. 创业网络、创业学习与新创企业成长［J］. 技术与创新管理，2013（1）：24－33.

［186］杨俊，张玉利，刘依冉. 创业认知研究综述与开展中国情境化研究的建议［J］. 管理世界，2015（9）：158－169.

［187］杨俊. 创业决策研究进展探析与未来研究展望［J］. 外国经济与管理，2014（1）：2－11.

［188］叶映华. 大学生创业政策的困境及其转型［J］. 教育发展研究，2011（1）：12－16.

［189］尹志超，宋全云，吴雨，彭嫦燕. 金融知识、创业决策和创业动机

[J]. 管理世界,2015(1):87-98.

[190] 岳超源. 决策理论与方法 [M]. 北京:科学出版社,2003.

[191] 曾照英,王重鸣. 关于我国创业者创业动机的调查分析 [J]. 科技管理研究,2009(29):285-287.

[192] 詹姆斯·G. 马奇. 决策是如何产生的 [M]. 北京:机械工业出版社,2007.

[193] 张焕勇. 企业家能力与企业成长关系研究 [D]. 复旦大学博士学位论文,2007.

[194] 张会科. 对家长期望与学生行为反差的研究 [J]. 学周刊,2016(21):17-20.

[195] 张茉楠,李汉铃. 给予人之资源观的企业家创造性决策研究 [J]. 中国软科学,2005(8):113-120.

[196] 张茉楠. 企业家环境扫描的影响要素及理论框架研究 [J]. 现代管理科学,2005(4):37-40.

[197] 张奇林,李鹏. 家庭背景、父母期望与子女认知能力——来自中国教育追踪调查的经验证据 [J]. 武汉理工大学学报(社会科学版),2017(3):97-106.

[198] 张强. 家庭企业与家族企业——兼与潘必胜商榷 [J]. 中国农村观察,2002(5):42-49.

[199] 张璇,刘贝贝,胡颖. 吃喝腐败、税收寻租与企业成长——来自中国企业的经验证据 [J]. 南方经济,2016(11):12-18.

[200] 张玉娇. 教师期望、父母期望和自我期望的一致性与中学生自我和谐的相关研究 [D]. 天津师范大学博士学位论文,2012.

[201] 张玉利,谢巍. 改革开放、创业与企业家精神 [J]. 南开管理评论,2018(10):4-9.

[202] 张玉利,薛红志,陈寒松. 创业管理 [M]. 北京:机械工业出版

社，2016.

[203] 张玉利，杨俊，戴燕丽. 中国情境下的创业研究现状探析与未来研究建议 [J]. 外国经济与管理，2012（1）：1-9.

[204] 赵文红，孙卫. 创业者认知偏差与连续创业的关系研究 [J]. 科学学研究，2012（7）：22-27.

[205] 周冰. 心理距离对创业机会识别的影响 [D]. 苏州大学硕士学位论文，2014.

[206] 周广肃，谢绚丽，李力行. 信任对家庭创业决策的影响及机制探讨 [J]. 管理世界，2015（12）：121-129.

[207] 周小虎，姜凤，陈莹. 企业家创业认知的积极情绪理论 [J]. 中国工业经济，2014（8）：56-64.

[208] 朱沆，叶琴雪，李新春. 社会情感财富理论及其在家族企业研究中的突破 [J]. 外国经济与管理，2012（12）：55-62.

致　谢

　　本书是在上海财经大学贺小刚教授的鼓励与悉心指导下完成的。从选题到内容结构，彰显了贺教授的厚实学术功底与研究能力，夯实了本研究的学术基础；及时的信息交流与问题解答，快速地解决了我的学术难题。

　　本书离不开攻读博士生导师盛宇华教授与潘镇教授的学术指点与鼓励，可以说本书是博士论文的升级版。

　　本书是在同事的鼎力支持下完成。从团队合作到统计软件的技术指导。他们是本项目的参与者，也是我学习的榜样。他们是韩同友教授、张小兵教授、李前兵教授、郭立新副教授、陈涛副教授、宗文副教授、李建升副教授、张琳副教授、邓子鹃副教授。

　　感谢同事华学成教授、韩锦标教授、刘满成教授、朱至文教授、赵成柏教授的关心与帮助。

　　最后感谢资助单位：教育部人文社科规划基金（17YJA630084）、淮阴工学院学术专著出版资助项目（2018）、江苏省高校哲学社会科学重点建设基地"创新创业研究中心"（2018ZDJD－B013）。

沙彦飞